MW01170772

ENIGMAS Y ENCANTOS DE
TEQUISQUIAPAN

Un viaje por su historia

Al estilo de los mapas antiguos, la portada representa el Camino Real de Tierra Adentro, mostrando gráficamente la razón por la cual, a partir de una frontera geográfica, ciertos acontecimientos, descritos en esta obra influyeron en parte de la historia de Tequisquiapan e incluso en la del país en su conjunto.

EDITORIAL
SHANTI NILAYA

ENIGMAS Y ENCANTOS DE TEQUISQUIAPAN
UN PASEO POR SU HISTORIA
D.R. © 2024 | MANUEL RODRIGO GARCÍA LEO
Correo electrónico: rodrigogltx@gmail.com
1a edición, 2024 | Editorial Shanti Nilaya®
Diseño editorial: Editorial Shanti Nilaya®
Diseño original de portada: Ma. Fernanda García Ruiz

INDAUTOR: 03-2023-052911284900-01
ISBN | 978-1-963889-99-4

editorial.shantinilaya.life

Rodrigo García Leo

ENIGMAS Y ENCANTOS DE
TEQUISQUIAPAN

Un viaje por su historia

EDITORIAL
SHANTI NILAYA

A Tequisquiapan,
tierra que me abrazó.

Al tequisquiapense,
ya por nacimiento,
ya por adopción.

AGRADECIMIENTOS

A Mónica Ruíz Medina, mi primera lectora, implacable correctora y autora de párrafos completos de esta obra.

A María Fernanda García Ruiz, mi gran editora informal.

A J. Guadalupe Rivas Ledezma, el Tashita, por mostrarme la esencia humana de Tequis.

A Elvia Martín del Campo, por sus atinados consejos técnicos e inmejorable corrección de estilo, así como por el prólogo de esta obra.

A la editorial Shanti Nilaya y su espléndido equipo de profesionales, por ayudarme a materializar esta obra con tan prodigiosos resultados.

A otros testigos y protagonistas que modelaron también estas páginas. En orden alfabético por apellido: Fernando Alonso, Adolfo Cabrera, Viridiana Castro Domínguez, Ma. Teresa Cisneros Septién, Gonzalo González González, Juan Hernández Ramos - Dr. Juanito. Silvestre Moran Trejo, Alberto Moreno Mejía, Gaby Quiroz Suárez[†], Sergio Antonio Quiroz Suárez, Juan Domingo Reséndiz Chávez, J. Alberto Rodríguez, Salvador Zamorano Gómez.

A Luis Altamirano Fisch y René Galindo -Mosby, María Eugenia García Ugarte, Santiago Greenham Hijar, Juan Carlos Hernández Nieves, Norma Mejía Lira, Benito Ocampo Urrea, Juan Carlos Saint-Charles Zetina, Juan Pablo San Román Mendoza, José G. Velázquez Quintanar[†] y Armando Zamora porque, en momentos específicos, le dieron impulso inestimable a la conformación del proyecto.

A mis familiares y amigos. Sin duda, el apoyo e ideas de muchos de ellos forman parte de la genética del texto.

ÍNDICE

CAPÍTULO V. ESTAMPAS COLONIALES

CAPÍTULO VI. ¿Y DESPUÉS DE LA INDEPENDENCIA, QUÉ?

SEGUNDA PARTE. TRADICIÓN ORAL

CAPÍTULO VII. HISTORIA VIVA DEL ENTONCES PUEBLITO

CAPÍTULO VIII. HISTORIA VIVA DEL TEQUIS EN EXPANSIÓN

CAPÍTULO IX. ALTRUISMO

CAPÍTULO X. LO TÍPICO DE HOY

CAPÍTULO XI. ... Y EL AGUA SE CONVIRTIÓ EN VINO, Y EL TEQUESQUITE EN QUESO

Prólogo

onocí a Rodrigo García Leo en el año de 2014, cuando yo asistía al taller literario del Centro Cultural José Martí en la Ciudad de México. El recién llegado se integró casi enseguida al grupo de veteranos del taller, al cual yo ya pertenecía. A partir de ahí se formó el Colectivo Galeón Literario, que llevó a puerto varias publicaciones, orgullosamente gestadas en su totalidad por los miembros del colectivo.

Gran amigo, escritor entusiasta, amante de la cocina y viajero lleno de curiosidad, para el autor del libro que tienes en tus manos, apreciable lector, es un placer profundizar en la historia de aquellos pueblos que conoce en sus viajes; un gusto en el que él y yo coincidimos.

Hace unos años, Rodrigo decidió cumplir el sueño de disfrutar su jubilación en un lugar tranquilo y encantador, lejos de los problemas que cada día complican más la vida de quienes habitamos la Ciudad de México. He de confesar que le envidio tal decisión, aunque nos privó del gusto de discutir nuestros escritos cada jueves literario en el Sanborns de Balderas.

Eligió Tequisquiapan para vivir. Recuerdo una reunión del Galeón Literario, a la que él asistió ya como residente de ese Pueblo Mágico, en la que nos relató cómo, a los pocos días de instalarse en su tierra adoptiva, visitó la librería Rulfo (en ese tiempo la única y, por desgracia, hoy cerrada definitivamente), buscando un libro que lo llevara a empaparse en la historia y costumbres de Tequis. Un tanto decepcionado, nuestro amigo refirió no haber encontrado esa obra que buscaba en aquella librería. La biblioteca del Centro Cultural estaba fuera de servicio en ese momento y no abrió sino hasta meses después.

En los años que llevo como escritora he leído que, cuando ese deseo de inventar el texto que no encontramos nace en nosotros, es como si la fortuna o la musa nos tocase. Esta meta llevará al escritor con vocación a crear algo que responda a sus cuestionamientos personales. No podrá parar hasta satisfacer esa necesidad.

Lector, si has llegado hasta aquí buscando un libro que te hable de Tequisquiapan, como lo haría un amigo al calor de un buen vino y queso, en una tarde tranquila en los portales, es el que tienes entre manos.

El autor ofrece aquí el resultado de un excelente trabajo documental. Es una obra que no sólo habla de la historia de la ciudad de los balnearios y el tequesquite, sino de muchos otros aspectos que difícilmente se hallarán en un solo volumen, sazonados además con anécdotas y esos datos curiosos que vuelven más cercana la experiencia de leer.

El anfitrión de este viaje nos comparte ricas estampas, hace sentir vivas otras épocas de ese rincón de provincia al que a veces no se le otorga la importancia que tuvo en el desarrollo del Bajío. Incluye un breve ensayo en el que se cuestiona sobre las piezas que faltan al rompecabezas de su fundación en tiempos —decisivos para nuestra historia— de conquistadores y aliados indígenas abriendo el primer camino, un surco de sangre mestiza, hacia la América del Norte.

Siguiendo por este recorrido en la historia, también nos trae a años más próximos, de la mano de personajes que relatan su vida, en el todavía cercano siglo XX. En otros capítulos reseña los más representativos y mejores productos gastronómicos de

Tequisquiapan—por lo menos de un par de ellos me dejó con el antojo—, nos da los antecedentes de los principales puntos de interés del Centro Histórico; de sus balnearios, su patrimonio inmaterial y las artesanías creadas por las manos de su gente.

Es en este punto, el del patrimonio intangible, donde a mi parecer reside la mayor distinción de este libro. Haciendo una metáfora, va más allá de llevarnos a dar un paseo por sus calles y monumentos: nos invita a adentrarnos, como quien abre las puertas de su casa, en las instituciones, industrias, emprendimientos y vida social, que forman el todo en la vida de esta pequeña ciudad.

Lector, acepta la invitación de Rodrigo García Leo y, en *Enigmas y encantos de Tequisquiapan*, además de conocer sobre el pasado y el presente de este rincón encantador, compartirás un recorrido memorable por la gran riqueza de este Pueblo Mágico; abundancia no solamente de agua, sino de valores, personas y obras que hacen placentera la vida en provincia. Enhorabuena.

Elvia Martín del Campo
Junio de 2024

Carta al lector

[…] y porque esta obra no vaya coja de lo que los hombres naturalmente desean saber, y aún en la verdad es gloria de los señores y príncipes buscar y saber secretos, declararé en esta, brevemente lo que me parezca conveniente.

—Fray Toribio de Benanvente (Motolinia)

Querido lector, si estás leyendo esta misiva es porque tienes entre tus manos el resultado de una exploración que, a su vez, surgió de la necesidad de conocer el lugar al que mi esposa y yo decidimos migrar en busca del paraíso para nuestro retiro.

Si bien a Tequis hemos venido como visitantes desde hace unos cuarenta años, de su historia teníamos una noción muy vaga; por ello, cuando nos mudamos, decidí que mi primer proyecto de escritura debía centrarse en el pueblo de mi jubilación.

Admito que mi ignorancia me hizo suponer que Tequis me daría para completar unas cuantas cuartillas. ¡Qué equivocado estaba! Desde mis primeras pesquisas entendí que el asunto no era como para algo menor. Cuanto más indagaba, más se abría el espectro de la importancia regional, pero no todo de manera aislada; algunas partes encajaban en contexto con el entorno nacional. Así, mi objetivo se transformó de artículo a ensayo corto, y luego a una estructura que, por su extensión y complejidad, debía dividirse en capítulos, con lo cual se ampliaba el riesgo de terminar escribiendo un rollo denso y aburrido.

Según yo, la solución fue mantener el modo extenso, pero sin la rigidez que se percibe en los verdaderos tratados. Es por ello que, en algunos puntos, notarás desviaciones aparentes del tema central; estas me sirven de base para soportar la explicación de hechos posteriores o de contexto global.

También escribí en primera persona porque dicen que, no tratándose de ficción, ayuda a mantener presente el mensaje de que la narrativa proviene de la experiencia de un sujeto real, un ser falible que, en este caso, simplemente refiere los hechos que investiga y observa.

Dicho lo anterior, continúo: concebí este libro como una recopilación selectiva de notas que, ordenadas de cierta manera resultan un mirador en gran angular de Tequisquiapan, de modo que puedas a la vez apreciar sus partes por sí mismas, pero también en armonía con el todo.

El trabajo pues, en su mayoría, pretende ser un compendio, una respetuosa paráfrasis de valiosísimos y serios textos: unos antiguos, otros modernos; unos locales, otros externos, lo mismo de arqueólogos que de etnólogos; de historiadores que de cronistas, pero todos con un sello: la sincera pasión por el conocimiento traducida en infinidad de horas de investigación y estudio, para legarnos pistas de una compleja historia (consulta la bibliografía en las últimas páginas). Mi gratitud a todos ellos; su esfuerzo se ve reflejado en el mío.

En el afán de que la lectura sea una comunicación entre humanos, también recolecté testimonios directos de tequisquiapenses de cuna y de acogida que aman y conocen a profundidad detalles que merecen ser recordados.

Puesto que este escrito no es una monografía, omití información que hoy es fácilmente accesible en medios digitales. ¡Que de los datos fríos y duros se encargue la llamada IA! (Inteligencia Artificial). Sin embargo, incluí observaciones, a mi juicio, interesantes, en contexto con los sucesos y circunstancias planteados.

En el primer capítulo despliego el espacio, nombre y escudo que sintetizan la generosidad de estas tierras: preámbulo mínimo para dimensionar un escenario ambivalente; causa y efecto a la vez de los hechos que fueron tejiendo ese encanto que hoy atrapa a propios y extraños. La cronología trata de engarzar aquellos sucesos que en conjunto impregnaron de fascinación el presente de este pueblo.

La segunda parte está construida con voces vivas que confirman que ni la historia, ni la geografía, ni la política, son tan determinantes en el sabor de Tx, como las interacciones de sus moradores, hombres y mujeres que, con su dicho testimonial de primera mano o incluso como protagonistas, dan cuenta del ingrediente secreto: la calidez de su gente.

Otro ingrediente de intento de amenidad es la inserción lúdica de ciertos datos inútiles, de esos que José Emilio Pacheco consideraba "[...] la crema del conocimiento [...] el sitio en que lo histórico se convierte en experiencia interior"[1]; del deleite de conocer la razón de las cosas simples, por humilde y ocioso que parezca, a veces surgen sorpresas que terminan siendo elementos clave para entender asuntos mayores.

Son más de un centenar de temas, y cada uno, como dije antes, es como una pieza de rompecabezas que hay que observar individualmente para que, colocada en el lugar preciso, armonice con su entorno y le dé coherencia al panorama, aunque en sí misma obsequia la satisfacción de conocer, confirmar o correlacionar notas cautivantes.

Agregué al final un índice onomástico; están ahí todos los nombres de personas mencionadas y la(s) página(s) donde se hallan. Esto como un plus por si, al tiempo, alguien deseara encontrar fácilmente hacedores de la historia de Tequisquiapan.

Nacer en un lugar y un tiempo determinados es un hecho fortuito; no interviene la voluntad, al menos no la propia. Yo decidí hacer de Tequisquiapan mi hogar. Amo este rincón del mundo tal y como es, pues el hechizo proviene de su gente, toda ella, la de ahora y la de ayer; la de origen y la de adopción, la que recibe y la que visita.

El autor

PRIMERA PARTE

HISTORIA DOCUMENTADA

CAPÍTULO I

EL ENTORNO

El territorio
Ubicación geográfica

L a posición de Tequisquiapan en el espacio nacional lo hace un escenario discreto pero fundamental de hechos que explican por qué algunos de los grandes acontecimientos de la historia de México sucedieron de esa manera y no de otra; sin embargo, en lugar de señalar longitudes, latitudes, paralelos y colindancias, datos que son tan precisos como innecesarios para los propósitos de esta obra, sólo me limitaré a confirmar que este municipio está en el centro del país.

Lo anterior no se sustenta en el cuestionado decreto de Venustiano Carranza, al que me referiré más adelante, sino en el hecho demostrado por un sinnúmero de eruditos en diferentes disciplinas: ciertamente, existe una línea donde la geografía y la historia coinciden.

Por esa tesis, sostengo que una parte del municipio, e incluso de la cabecera municipal, se halla en el norte y la otra en el sur. De modo que Tequisquiapan está en el centro de la extensión territorial de México.

Frontera entre Aridoamérica y Mesoamérica

ESCUELA NACIONAL DE ANTROPOLOGÍA E HISTORIA
SOCIEDAD DE ALUMNOS

MESOAMERICA

Sus Límites Geográficos, Composición
Étnica y Caracteres Culturales

POR

PAUL KIRCHHOFF

SUPLEMENTO DE LA REVISTA *TLATOANI*
MÉXICO, 1960

Reconozco que esto no es sino llevar al extremo una condición ampliamente estudiada por los expertos. Me explico: por estas tierras cruza la frontera entre dos grandes zonas con claras diferencias geográficas y culturales; una es Aridoamérica y la otra Mesoamérica.

Estos conceptos los propuso en el siglo XX el antropólogo de origen alemán Paul Kirchhoff, quien estudió profundamente el suelo mexicano en relación con las etnias prehispánicas y su comportamiento ante acontecimientos emergentes[2].

Básicamente, Aridoamérica se refiere a territorios norteños con suelo de roca caliza, caracterizados por extensas llanuras de climas extremosos y escasas lluvias. En Mesoamérica, en cambio, el relieve y el clima son muy diversos; hay valles, bosques, costas, pantanos y selvas, pero con un factor común: la humedad. En concreto, la diferencia es la fertilidad natural de la tierra.

Desde luego, no existe una línea precisa, y menos oficial, que marque los linderos; la separación es gradual, sutil y movible, aunque una referencia es la cuenca del Pánuco y sus vertientes. Luego entonces, siendo el río San Juan un afluente del mismo sistema hídrico, se puede decir con propiedad que, por extensión, divide el país en dos y Tequisquiapan está en medio.

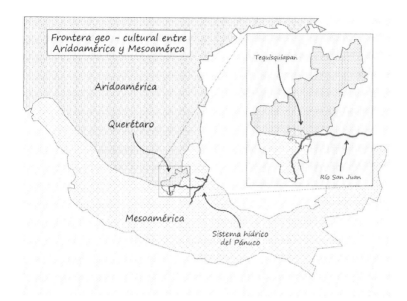

Ahora, esto que sin duda parece un intento necio de sustituir las coordenadas geográficas por argumentos forzados, si tan solo tuviera el propósito de mostrar la ubicación, sería un esfuerzo ocioso. Sin embargo, aclaro que solo busco destacar la relevancia que la zona media del país ha jugado en la conformación de lo que hoy llamamos México.

Es un hecho incuestionable que cada región geográfica se diferencia de otras por sus condiciones particulares; la altitud, el relieve y el nivel de humedad crean un clima que favorece a cierto tipo de vegetación y fauna. Los seres humanos se adaptan a las características específicas de las áreas que habitan o rondan, y con ello su desarrollo cultural va siendo desigual entre grupos asimilados a distintos entornos. Normalmente, en la interacción de clanes antagónicos se generan conflictos y suceden cosas; a eso le llamamos historia de la humanidad.

De acuerdo con lo anterior, resulta que las etnias mexicanas del norte son muy diferentes a las del sur, ¡y en la zona de transición vaya que sucedieron cosas[3]! Es decir, en Tequisquiapan y alrededores, como dije antes, incidieron la geografía y la historia; de modo que, a lo largo del resto de este libro, me remitiré a este razonamiento.

Aguas termales y tequesquite

Antaño, a pesar de encontrarse en una región semidesértica, en Tequisquiapan el agua manaba literalmente de las piedras, pero, además, no era cualquier agua: sus propiedades químicas y su temperatura cautivaron a muchos. Desgraciadamente, de este tema hoy se debe hablar en pasado.

Las termas no son ya una característica física de esta zona, aunque no es que hayan desaparecido del todo; si bien ya no manan flujos calientes a flor de tierra, a veces la alta temperatura de agua bombeada hace sospechar que en el subsuelo se mezcla con los mantos freáticos, de por sí fríos por la nula influencia solar.

En los balnearios aún se pueden disfrutar discretas evidencias de la presencia del agua termal. Incluso existe la posibilidad de adquirir pipas de agua caliente que, por su costo, se deduce que no adquirió temperatura con caldera, sino que fue tomada de manantial. Pero, en fin, esas son excepciones.

El caso es que las aguas termales tienden a desaparecer. Sin embargo, el legado que han dejado es indiscutible: mucho de lo que aquí sucedió fue consecuencia directa de ellas, pues el líquido caliente y salitroso dio forma a las calles y callejones — no todas las avenidas fueron producto de un trazo preconcebido, sino de la ubicación de los manantiales y la dirección por donde los derramamientos formaban riachuelos—. El agua hizo tomar muchas decisiones sin las cuales Tequisquiapan sería diferente. No sé si mejor o peor, pero no sería el que hoy es.

Después de todo, si dejamos de lado el asunto nostálgico, nos seguimos quedando con una ciudad encantadora, colmada de hoteles y balnearios que, si bien ya no brindan baños sanadores, sí ofrecen albercas de fresca agua de pozo, que va de maravilla durante los meses de calor (marzo a septiembre con temperaturas promedio de 30° durante las horas de sol).

A lo largo de casi todo el capitulado siguiente de este libro, habré de dar cuenta de hechos en torno a las aguas calientes, pero, como dijo Guillermo Prieto, «Dejo el análisis de las aguas á los químicos: tomaré por mi cuenta la parte de voluptuosidad y de goces, [...] según este sabroso ramo de la literatura»[4](sic). Por lo pronto, me remito a una de las monografías de Tequisquiapan a que pude acceder, se trata de la Crónica de Tequisquiapan, fuente de salud[5].

Esta relación, a la letra, dice:

> El tipo de aguas que se explotan en la zona es de dos tipos: Aguas freáticas superficiales y aguas termales. Las primeras son infiltradas dentro del valle, las aguas termales son de mayor profundidad y tienen su origen de infiltraciones fuera del valle, que son transportadas por corrientes subterráneas que afloran precisamente en el área comprendida por la población. El agua que aflora en Tequisquiapan tiene su consecuencia por medio de fracturas de vidrio volcánico riolítico, o sea la perlita, con una temperatura promedio de 33.5°C. (p.65)(sic).

En su momento abordaré el tema con más historia y menos química, pero no quiero pasar a lo que sigue sin antes remarcar lo obvio: los cambios en las condiciones hidrológicas de la zona son producto de "ordeñas legales o clandestinas" de pozos profundos perforados en puntos intermedios del fluido, o sea «huachicoleo acuático industrial».

El otro elemento natural inmanente a este pueblo es el tequesquite, que es una especie de salitre cuya composición química no viene al caso, sino el papel que jugó en la gastronomía mesoamericana. Resulta que era la sal del pueblo[1Di], además de ser un ingrediente clave para la nixtamalización del maíz —hoy la masa de nuestras imprescindibles tortillas se procesa con cal viva—. Con tequesquite, los tamales se esponjaban, se explotaban los granos para el pozole y se condimentaban los esquites.[6] Es probable que algunos cocineros se sigan aferrando a ese ingrediente, y enhorabuena para el sabor de sus creaciones culinarias.

Este recurso natural está asociado al agua; por ejemplo, abundaba en algunas zonas del lago de Texcoco: al bajar el nivel, se recolectaba en forma de pedruscos en las orillas secas. Y por su nombre se pueden reconocer algunos lugares productores: Tequesquináhuac, Tequesquitengo y, por supuesto, Tequisquiapan.

Los borbotones tequisquiapenses que, como todas las aguas del tipo termal, al aflorar desde enormes profundidades arrastran sedimentos ígneos, en algún punto casi superficial, barrían también con este mineral y daban por resultado aguas muy especiales. Lógicamente al reducirse el líquido brotante, también terminó por escasearse el tequesquite; hoy, para conseguirlo, los pocos interesados deben acudir al mercado para adquirir pequeñas cantidades "importadas".

[1Di] Dato inútil. - En su libro *Viajes de orden suprema* (pág. 257), Guillermo Prieto relata que en el mesón donde comió a su llegada a Tequisquiapan encontró "una verdadera curiosidad, la sal matatena, la sal de roca" (así lo escribió). Es especulación, pero bien podría tratarse del Tequesquite. (Párrafo 9 del subtema *Aguas termales y tequesquite*).

El nombre
Antecedentes

Hacia mediados del siglo XVI, ocupaba compartida la comarca una comunidad de chichimecas pames y otomíes. Ya contaré la historia, pero por lo pronto baste saber que en ese tiempo había aquí tan solo un lejano caserío en la demarcación de San Juan del Río, llamado la Magdalena; también conocido de otras maneras: «el barrio de la otra banda» —por estar en la ribera contraria del río— o, según investigaciones del cronista del municipio, don Jesús Landaverde, Aguas Bramantes o Pueblo Viejo.

Si observamos, todos y cada uno de esos apelativos son acepciones en idioma español, aunque de seguro tuvo una denominación en lengua indígena, como ocurrió, por ejemplo, con la Ciudad de México, que antes se llamó Tenochtitlan; o San Juan del Río, que antes de la llegada de los españoles había sido llamada Iztacchichimecapam. Pero, por desgracia, el nombre prehispánico de Tequisquiapan hoy por hoy está perdido en el tiempo.

En Cédula Real del Emperador Carlos V[2Di], fechada el 24 de julio de 1551, "[...] se funda en este caserío de indios un pueblo al que se nombra Santa María de la Asunción de las Aguascalientes"[3Di]. Cito ese documento porque tiene que ver con el nombre, pero en cuanto a la fundación, hay precisiones propias de otro capítulo.

[2Di] Dato inútil. Este emperador es mucho más conocido como Carlos V, y es que era Carlos V de Alemania, pero Carlos I de España, nieto de los Reyes Católicos.

[3Di] Dato inútil. 24 años después, otra villa, también por Cédula Real, pero esta de Felipe II, se funda un poco más al norte e incomprensiblemente le denominan igual, incluida la advocación mariana. Ese hecho le da nombre a todo un estado de la República Mexicana.

Rodrigo García Leo

Nombre nahua en tierra otomí

Hacia el año 1656 el pueblo cambia de nombre, se omite la designación castellana para dar paso no a una otomí o pame —lo cual sería lo lógico, según el origen de sus moradores originarios—, sino nahua. Ello podría indicar que junto con los colonos españoles llegaron también algunos mexicas, pero hay otra teoría por la que yo me decanto: el florecimiento en aquella época del idioma náhuatl por razones evangélicas. Muchos pueblos de cadenas lingüísticas no asociadas al Anáhuac también llevan nombres en este bello idioma[4Di]. El nuevo apelativo sería Tequixtlapan a instancias de don Juan Pérez Salmerón, según dice el cronista Jorge Vega Olvera[7]. (Vega Olvera, 2008, p. 24). Me parece evidente que, en la adopción del flamante nombre, prevalecieron criterios políticos sobre la natural toponimia del lenguaje de los últimos pobladores prehispánicos que ocuparon la zona.

Lo cierto es que se aceptó dicha denominación. Se ignora quién fue el constructor del término, pero sea como haya sido, desde mi particular punto de vista, la propuesta fue muy afortunada, pues describe con raíces correctas la esencia física de este lugar.

Toponimia

En primer lugar, tenemos la voz *tequixquitl*, 'tequesquite', que es una piedra alcalina que abundaba en la zona. En seguida viene el vocablo *apan*, 'sobre el agua'. Por lo tanto, Tequixquitlapan

---

[4Di] Dato inútil. Durante 126 años (1570 y 1696) el náhuatl fue por decreto real idioma oficial de Nueva España. Los franciscanos especialmente lo usaban como herramienta de comunicación para catequizar; lo importante no era castellanizar, sino evangelizar indios.

significa 'piedras salitrosas sobre el agua'[8]. Con el tiempo, su uso se deformó para quedar con el nombre actual de Tequisquiapan.

Algunas versiones se esmeran en introducir el término *atl*, 'agua', supongo que en virtud de una razón ciertamente poderosa: el agua es inherente a esta cuna. Como quiera, el nombre refiere, sin lugar a dudas, que la cabecera municipal fue asentada sobre terrenos colmados de manantiales de aguas termales.

Jugando un poco con la toponimia, pero en lenguaje otomí:

tequesquite = la
sobre = ha
agua caliente = pathe

Por lo tanto, Tequisquiapan en otomí, según yo y con todo respeto, sería:

Lahapathe[9]

Nuevo nombre por decreto

Para 1861 el nombre volvió a verse modificado, esta vez por decreto del general José María Arteaga, gobernador de Querétaro, quien, para honrar a un mártir de Tacubaya, elevó de rango al poblado rebautizándolo como «Villa de Mateos de Tequisquiapan».

Manuel Mateos Lozada, oriundo de la Ciudad de México, fue fusilado por el bando conservador, ya que apoyaba a Juárez. Asociar a un pueblo queretano con un prócer liberal no parece muy afortunado, pues todo el estado tiene fama de su filiación conservadora desde tiempos virreinales, pasando por la Independencia, la Reforma y la Revolución.

Este nombre duró sólo unas cuantas décadas, tal vez porque en la vida cotidiana jamás se usó, y a fin de cuentas el "ilustre" secretario de gobierno del estado vivió apenas unos meses en Tequisquiapan, sin haber realizado actos memorables para la población.

Nombre oficial definitivo

Desde su fundación, Tequisquiapan prácticamente siempre estuvo ligado a San Juan del Río. Es en 1939 cuando se le reconocen los elementos para ser considerada una entidad independiente, por lo que se le declara municipio autónomo[5Di]. Al mismo tiempo, se retornó al llano y arraigado vocablo «Tequisquiapan».

Apelativo cariñoso

Así como a cualquier persona se le deforma el nombre con algún diminutivo para referirse a ella de manera afectuosa, los que amamos a Tequisquiapan solemos abreviar su nombre como «Tequis», incluso de manera escrita con la contracción «Tx», que por fonética de las letras se entiende y acepta tal uso. Por eso, a partir de aquí me referiré a este terruño de manera indistinta como Tequisquiapan, Tequis o Tx.

El escudo
Descripción

El símbolo heráldico del municipio contiene la representación gráfica de los siguientes emblemas:

Coronando el blasón, un sol con rayos intercalados de color dorado y naranja manifiesta la fuerte refulgencia diurna presente casi todo el año.

[5Di] Dato inútil. El último delegado municipal fue el Sr. Luis Pinal, padrastro de la actriz Silvia Pinal, quien durante esos años estudió en la primaria que inspiraría al guionista de la película «El Profe», protagonizada por Mario Moreno «Cantinflas» y rodada en los años sesenta del siglo pasado en estas tierras.

El cuerno de la abundancia que resalta dentro del escudo en su parte superior sugiere los productos del suelo que dan, gracias al trabajo humano, sustento familiar. Por un lado, la cesta tejida en forma de pitón supone ser de vara de sauz, y evoca el trabajo artesanal tequisquiapense por excelencia: la cestería; por el otro, un gran racimo de uvas da cuenta de uno de los principales productos agropecuarios. No obstante que este fruto (*vitis vinífera*) no es originario de Tequisquiapan —ni de Querétaro, ni de América—, las condiciones más propicias, como son suelo, clima, altitud, latitud y trabajo humano, convergen para contar con una extraordinaria materia prima vitivinícola; industria que florece día con día en esta región.

En la parte inferior izquierda del escudo se puede apreciar una escena típica de la cabecera municipal —al menos así fue durante inmemorables tiempos—: un torrente, bordeado de ahuehuetes y pirules, corre bajo un puente de piedra. Tequisquiapan no se puede explicar sin la presencia de agua, desde luego, como sustancia de vida, pero también como elemento conformador de este asentamiento humano con sabor a provincia; además del río San Juan, la abundancia de manantiales fue determinando las veredas, los callejones, las hospederías, los balnearios, las casas y las mercaderías.

Por último y no menos importante, el emblema muestra el ícono en torno al cual gira el discurrir social del pueblo. Sin duda, la parroquia de Nuestra Señora de la Asunción simboliza la religión católica que fungió como la amalgama fundacional, aunque, más allá de consideraciones dogmáticas e históricas, este sobrio edificio de arquitectura neoclásica preside una plaza que es a la vez punto de reunión, referencia de caminos, sinónimo de estancia apacible, encuentro de amigos, vecinos y familiares dispuestos a saludar cálidamente a todo aquel que nos visita.

Origen del escudo

Por su estilo, se puede apreciar que el escudo es de factura reciente. Así es, recordemos que hasta 1939 Tequisquiapan era parte del municipio de San Juan del Río. La imagen que representa oficialmente a la nueva demarcación fue la ganadora de un concurso convocado durante los eventos de la Feria Nacional del Queso y el Vino de 1989.

Antes de ello, durante por lo menos medio siglo, hubo dos representaciones gráficas no oficiales del municipio; las dos muy sencillas y las dos con referencias a los elementos: agua termal y tequesquite. La primera se trata de un glifo al parecer prehispánico que representa una caldera con agua caliente, terrones de tequesquite, burbujas y volutas de vapor, o sea una poza con agua termal. La segunda parece un pedrusco de tequesquite que arde en fuego y emana un vapor que se condensa y fluye como agua.

6Di

6Di Dato inútil. Una placa domiciliaria de cerámica colocada en el frontis de una casa del centro muestra la misma iconografía prehispánica. El texto, sin embargo, difiere pues sustituye la última raíz apan, 'lugar', por calli, 'casa', es decir, «casa de tequesquite» o probablemente «la casa de Tequis».

CAPÍTULO II

POBLAMIENTO

Lo más antiguo
La gran transición social

Es bien sabido que Bering es el estrecho por donde cruzaron los primeros humanos hacia lo que más tarde se denominaría América; desde ahí, en el transcurso de cuando menos diez milenios, la migración pasó por los actuales territorios de Alaska, Canadá, Estados Unidos y el norte de México hasta la frontera con Mesoamérica. En línea recta estamos hablando de unos ocho mil kilómetros, pero recordemos que esa parte del continente tiene forma de embudo y, a pesar de tratarse de una migración, todo ese gigantesco territorio fue poblado, solo que aisladamente, dadas las desagradables características geográficas posglaciares y norteñas que no propiciaban la proliferación de asentamientos estables.

Los grupos que se fueron quedando, por necesidad, tuvieron que mantener las formas de vida nómada (cacería y recolección de frutos). Los demás optaron por continuar hacia el sur en busca de tierras hospitalarias; su esfuerzo fue premiado: cruzaron la línea climática.

Al encontrarse con las condiciones más benignas del territorio mesoamericano, pudieron establecerse, hecho que los llevó a requerir viviendas más elaboradas. Los sedentarios construyeron calzadas, pirámides, campos de juego de pelota, ídolos... cultura.

La frontera geográfica influyó en la prehistoria. Para comprobarlo, basta con echar un vistazo a las ruinas; hacia el norte casi no hay muestras de habitáculos prehispánicos, los campamentos no dejan muchos rastros. En cambio, en el sur abundan los vestigios urbanísticos[10].

Antes de seguir con las evidencias antropológicas en Tequisquiapan, me parece importante dejar muy claro que el concepto de frontera geográfica que he venido manejando como causa primaria de mucho de lo sucedido en esta región no es una línea precisa e inamovible. Todo lo contrario, se trata de una franja de transición que se desplaza al norte o al sur y se ensancha o angosta a merced del clima. Aquí, donde conviven garambullos y ahuehuetes, también es zona de fusión y repulsión cultural, punto de contacto y separación entre nómadas y sedentarios.

La cueva de san Nicolás

La evidencia más añeja de presencia humana en el municipio de Tequisquiapan, y tal vez de todo el estado de Querétaro, fue hallada por la norteamericana Cynthia Irwin-Williams en una cueva de la comunidad de San Nicolás, a unos cuantos kilómetros de la cabecera municipal. La arqueóloga no eligió por casualidad el sitio para hacer trabajo de campo, sino porque asumió que justamente en las colindancias entre las dos zonas geográficas diferenciadas por Paul Kirchhoff debería hallar pistas de ancestros americanos... y tuvo razón.

No tardó mucho en encontrar restos humanos y algunos utensilios como puntas de flecha. Con ese material hizo estudios morfológicos y análisis de fechamiento con la técnica de carbono

14. Al hacer comparaciones contra vestigios de otras zonas, pudo concluir que San Nicolás fue paradero, hace unos nueve mil años, de descendientes de los Clovis (aquellos primeros nómadas americanos).

Esas comunidades norteñas dominaron el semidesierto. Sabían qué cazar y cuándo hacerlo, qué frutos recolectar y cómo protegerse de las inclemencias del climáticas. De cuando en cuando, aprovechaban temporalmente algún beneficio del terreno, por ejemplo, alguna cueva cercana con yacimientos de ópalo y obsidiana para fabricar utensilios (muy cerca de San Nicolás se encuentran las minas de ópalo de La Trinidad y las vetas de obsidiana de Fuentezuelas).

El arqueólogo mexicano Carlos Viramontes Anzures en su ensayo de 2014 «Una Historia de Larga Duración»[11] asegura que, de acuerdo con estudios de los últimos veinte años, la hipótesis de este poblamiento queda plenamente confirmada. Este autor además señala que hacia el año 500 a. C. los cazadores-recolectores de esta zona modificaron sus hábitos nómadas a sedentarios estacionales [(Viramontes, 2004, p. 26)], es decir, permanecían cortas temporadas en determinados lugares según la época del año, lo que equivale a una especie de paso intermedio.

Ese fenómeno social coincide con el establecimiento de algunos grupos mesoamericanos en los márgenes del río San Juan: primero los tarascos llegados de occidente (Chupícuaro), y algo así como ciento cincuenta años después arribaron otros de filiación cuicuilca. Esta vecindad tan próxima propició la incipiente convivencia interétnica.

Actualmente, a pesar de que la Cueva del Diablo o Cueva de la Ventana, como se le conoce por los vecinos, es un sitio arqueológico catalogado por el Instituto Nacional de Antropología e Historia (INAH), no es visitable de manera turística por varias razones:

En primer lugar, las evidencias son muy sutiles, sólo ojos expertos las pueden identificar, de manera que los puntos de interés decepcionarían a los visitantes lúdicos. Eso no demerita la importancia de los hallazgos, ya que estos forman parte de estudios multirregionales. Invertir recursos en una infraestructura para fines recreativos sería inviable. Por otro lado, mejor que permanezcan así, en aparente abandono, para evitar saqueo que diluya la oportunidad de futuras exploraciones que aporten más información.

Los sitios arqueológicos
El centro ceremonial La Trinidad

Muy cerca de la cueva de San Nicolás, se encuentra el sitio arqueológico constructivo más explorado del municipio de Tequisquiapan. Evidentemente tiene un origen mesoamericano. El arqueólogo Enrique Nalda determinó en 1975 que fue habitado entre los años 800 y 1200 d. C. Dos décadas después, el arqueólogo Juan Carlos Saint-Charles Zetina, al frente del equipo del INAH que levantó el mapeo, pudo descubrir una serie de datos muy interesantes[12].

A diferencia de otros sitios prehispánicos del Bajío, La Trinidad concentra en un reducido espacio una gran cantidad de edificaciones que van desde terrazas y patios hasta altares e incluso un campo de juego de pelota.

Llama la atención una disposición militar de los elementos arquitectónicos, posiblemente consecuencia de la vecindad, quizás un poco incómoda, con los pueblos seminómadas que, de cuando en cuando, se acercaban.

Contiguos a las edificaciones se hallan terrenos muy fértiles que pudieron ser explotados agrícolamente y, como para subrayar la importancia del agua en esta zona, cabe destacar la presencia de un manantial aproximadamente a un kilómetro al norte, donde, por cierto, en los cantiles de la siguiente loma, se encontraron pinturas rupestres.

El basamento piramidal que se encuentra en la cima del cerro alcanza una altura de veinte metros y es claramente un centro ceremonial.

Ahora bien, ¿quiénes estuvieron ahí? Esa es la incógnita que aún la ciencia no ha podido resolver. El arqueólogo Saint-Charles, desde luego con toda prudencia profesional, asegura que no hay evidencias concluyentes. Yo creo que con esa opinión autorizada nos debemos quedar.

Lo anterior no implica que dejen de llamar la atención ciertas referencias que invitan a la especulación: si estas ruinas datan del Clásico Tardío, por la cercanía geográfica con Tula y la presencia del campo de pelota, se podría suponer una relación con la cultura tolteca.

Ahora que, si nos atenemos a la teoría de que esta etnia es descendiente de los teotihuacanos, mi simplista deducción tal vez no llegue a ningún lado, máxime que, volviendo a la opinión de los expertos, el área estuvo sujeta a oleadas de poblamiento, o sea, varios eventos de arribo y abandono fueron superponiendo, y a veces mezclando, vestigios de diversas etnias, incluyendo las de cazadores recolectores.

Esta maraña es lo que se llama un palimpsesto arqueológico. Algo así como revolver las piezas de varios rompecabezas, y armarlos todos sin haber visto la imagen previamente, con el agravante de que algunos trozos embonan perfectamente con la contraparte equivocada.

Allá por el fin del primer milenio de nuestra era, al parecer hubo un cambio drástico del clima que provocó el último retraimiento de civilización en los centros ceremoniales y aldeas del centro norte de lo que hoy es la República Mexicana. Es decir, la frontera mesoamericana se desplazó hacia el sur. Lamentablemente no se sabe más[13] (Viramontes,1993, p.12–15).

Una consideración que entusiasma a los científicos es el buen estado de conservación de las edificaciones protegidas por el manto verde. Por fortuna, hasta ahora no se han levantado construcciones modernas, ni el saqueo ha hecho de las suyas. Esas son buenas noticias, porque aumentan las posibilidades de investigaciones exitosas para despejar los enigmas trinitarios.

Por lo pronto, dice Saint-Charles, la delegación en Querétaro del INAH está trabajando en la importantísima salvaguarda legal del sitio; lo ideal es lograr que se declare Área Natural Protegida (ANP). Propósito más difícil que resolver un palimpsesto arqueológico, pues se deben justificar temas fisiográficos, geológicos, edafológicos, climáticos, hidrológicos y biológicos en un contexto histórico y cultural.

Hoy el sitio tampoco es visitable con fines turísticos, pero una vez resueltos los asuntos de uso del suelo y garantía de investigación, quizás podría diseñarse un espacio recreativo ecológico-cultural que combine atractivos naturales, históricos y arqueológicos.

Los Cerritos

Existe otra zona arqueológica, se trata de Los Cerritos, ubicada en los márgenes de la comunidad del mismo nombre al noroccidente del municipio. Es prácticamente nada lo que se puede apuntar sobre este tema, pues sería casi una réplica de lo señalado respecto de La Trinidad, incluyendo el campo de juego de pelota. Ninguna de las fuentes consultadas se detiene sobre exploraciones específicas del sitio, sólo se menciona marginalmente y a veces en paquete con su «paisana» tequisquiapense. Por desgracia, aquí sí hubo saqueo.

Etnias

Recapitulando, una telaraña étnica se formó en la zona. Partiendo de los Clovis que descendieron desde el estrecho de Bering, unos optaron por permanecer errantes en el norte, mientras que otros se acomodaron por aquí: tarascos, cuicuilcas y toltecas/teotihuacanos, quizás en ese orden. Pero no necesariamente estos pueblos convivieron; algunos llegaron y se fueron, como oleadas al ritmo de las variaciones climáticas... Total que el collage se presenta complejo... y ahí no para la cosa.

A riesgo de aburrirte a ti, lector, he tratado de no pasar de largo los ingredientes esenciales de esta historia. Ahora vamos llegando a un punto donde los protagonistas, ya con un origen más definido, nos ayudarán a visualizar y entender mejor el panorama de la historia poblacional de Tx. Hablando de etnias, repasaré los actores principales.

Antes, un par de datos de contexto:

Nahuas.

Eran los moradores del valle de Anáhuac, compartían los dioses, las aguas del lago de Texcoco y el idioma náhuatl.

Mexicas.

Grupo nahua dominante a cuyos miembros también se les conoce como aztecas. Su poderío abarcaba gran parte del territorio mesoamericano.

Chichimecas

Chichimeca es a nahua, lo que bárbaro a romano. En efecto, para los ciudadanos del Imperio romano si no te expresabas en latín o griego, no hablabas: balbuceabas; eras un balbuceante o bárbaro, o sea un peligroso salvaje del noreste. A la víspera de la llegada de los españoles en Mesoamérica se presentaba una situación muy similar. Para los nahuas, si no te expresabas en náhuatl, eras un popoluca, y si además pertenecías a las tribus nómadas del desierto, te señalaban con el despectivo mote de «chichimeca», que puede traducirse como gente perra o gente de linaje perro.

Los chichimecas pues, son aquellos clanes que rondaban hasta hace pocos siglos el norte del sistema hídrico del Pánuco. Ellos, adaptados al semidesierto, evitaban establecerse de forma permanente en algún lugar, moraban en sencillos campamentos.

Conceptualmente son una buena representación del término "nómada" en América. Para subsistir, los nómadas cazan y recolectan frutos. Su modo de vida los hace muy hábiles con las herramientas, especialmente las armas con que cazan. Aunque es cuestionable, a mi juicio personal, no desarrollan cultura compleja; al no tener adoratorios permanentes, sus dioses son simplemente personificaciones de los elementos naturales, quienes con su comportamiento les indican por donde seguir andando. Otra característica es su predisposición bélica, atribuida a los constantes conflictos entre tribus por causa de la ambigüedad territorial.

Los mexicas, al pretender imponerse a los chichimecas, se toparon con pared, o mejor dicho con ausencia de paredes. Es simple: suponiendo que lograran avasallarlos —cosa complicada de lograr en terrenos abiertos donde se arriesgaban a ser cazados—, debían asegurarse del pago de tributos; para ello, por decirlo así, requerían que los chichimecas tuvieran domicilio; de lo contrario, su poder coercitivo se diluía, pues no había propiedad que destruir o incautar, ni familiares que secuestrar o lastimar.

No en balde se conoce a Aridoamérica como «La Gran Chichimeca». Como vemos, también en esta etapa de los tiempos prehispánicos la frontera natural y cultural de México funcionó con toda eficacia.

Pames

Los pames son sólo una entre decenas de etnias chichimecas, la enorme mayoría de autores reconocen a este grupo humano como el menos bélico de todos los pueblos chichimecos, y no es gratuita esa fama. Cuando llegaron los españoles, casi todas las tribus nómadas presentaron resistencia activa, pero los pames no; ellos solo se internaron en territorios escarpados y, aunque fueron perseguidos, se las arreglaron para resistirse a su discreta manera durante tiempo medido en siglos. Es por ello que, hablando de conquista, la historia de la Sierra Gorda se cuece aparte.

Este pueblo, probablemente por el roce milenario con los otomíes, que eran sus vecinos del sur, terminó por adoptar hábitos más sedentarios y, a partir de ese gran paso, la transculturización fue más factible.

Otomíes

Entre la Gran Chichimeca y Tenochtitlán, todavía en territorio mesoamericano, se asentaban los otomíes. Para sus habitantes, el hñahñú es su lengua materna, sin embargo, el náhuatl no les era extraño, de hecho, muchos de ellos lo hablaban con fluidez por su cercanía y actividades comerciales y de servicio con Tenochtitlan. No obstante, aun cuando eran sedentarios, los mexicas los consideraban y trataban como chichimecas; después de todo, eran sus tributarios.

Por razones prácticas, en adelante, cuando mencione la palabra chichimeca, me estaré refiriendo a los que estrictamente lo son: los nómadas y seminómadas de Aridoamérica.

La cultura otomangue se remonta a unos cinco mil años, cuando se asentó en Mesoamérica por la región central. Muy probablemente fueron la etnia más antigua de la altiplanicie[14]. Por alguna razón no muy clara, su civilización, en vez de consolidarse, se fue fragmentando de manera extraordinaria. En su lengua se refleja ese hecho: un sinnúmero de dialectos comparte raíces, pero no se parecen entre sí.

La consecuencia del fenómeno fue que, cuando los pueblos nahuas llegaron para quedarse, sobre todo en las riberas del lago de Texcoco, desplazaron a los otomíes. Irónicamente, ya movidos a un lado, empiezan a ser mirados como extraños, a pesar de que ellos llegaron antes a la zona. Así fue cómo, siendo —por decirlo de esa manera— empujados hacia el norte, fundaron su centro de poder en Xilotepetl (Jilotepec).

¡Claro! Eso fue el principio de sus desgracias porque los tepanecas, y posteriormente los mexicas, les exigían "moche". Resulta que entonces debían pagar renta; en estricto sentido, eso es el tributo; o sí se quiere ver de otra manera, "extorsión por derecho de piso", ¡pobres otomíes! Pero ¿y qué tiene que ver esto con Tequis?

Hacia el siglo XIII, en su diáspora, algunos grupos incursionaron en los márgenes del río San Juan. Sitio que había sido abandonado por otras etnias predecesoras doscientos o trescientos años antes, (recordar el palimpsesto mencionado en el segmento dedicado al centro ceremonial La Trinidad). Como la abundancia de agua ofrecía magníficas condiciones para cultivar la tierra no dudaron en asentarse ahí. El único inconveniente era la presencia eventual de «los salvajes del norte»[15].

Transculturización

Según la RAE (Real Academia Española), este término significa: "Recepción por un pueblo o grupo social de formas de cultura procedentes de otro, que sustituyen de un modo más o menos completo a las propias"

El contacto entre las etnias pame y otomí es indiscutible. Cito al arqueólogo Carlos Viramontes:

> *[…] los últimos quinientos años de la época prehispánica grupos de recolectores cazadores seminómadas, probablemente de filiación pame… se apoyaban para completar su dieta. Estos grupos poseían una tradición que en ciertos aspectos podría relacionarlos con las sociedades mesoamericanas del sur, fundamentalmente el aspecto ideológico.*

No veo imposible que los ahuehuetes del lugar que más adelante se convertiría en Tequisquiapan fueran escenario de un encuentro como el que imaginé y comparto en el siguiente relato.

Los pames llegan agotados al medio día, después de una jornada de caza que empezó treinta horas antes en las llanuras áridas, se desviaron al sur por necesidad. Traen a cuestas varias serpientes de cascabel, una coralillo viva, un lince, algunos tlacuaches y tejones. Las liebres se las han comido ya, pero su carga más preciada, la que ansían compartir con sus mujeres e hijos son dos venados cola blanca: un macho en canal cuya alzada precisa de cuatro hombres para su traslado y una hembra joven recién cazada, que no han vaciado de vísceras, para conservar vivo el mayor tiempo posible a su nonato.

Saben que su carga les exige regresar al campamento antes de que la putrefacción haga incomible el alimento, sin embargo, el riesgo de hacerlo con un hombre debilitado por la pérdida de sangre es enorme; además, todos requieren recuperar fuerzas y el líder conoce el lugar ideal.

En este vergel abundaban las pozas naturales llenas de aguas brotantes, pero el inmenso ojo de agua, cercano a un recodo fluvial y rodeado de vetustos ahuehuetes, es incomparable. Los mezquites, nopaleras y garambullos del semidesierto ofrecen muchos beneficios, menos la sombra generosa que necesitan antes de seguir para reunirse con los suyos.

Los más jóvenes, buscando esparcimiento, son los primeros en zambullirse. Otros, con diferente expectativa, se sumergen poco a poco, como esperando alivio inmediato a sus rasguños, ampollas y magulladuras musculares; sus músculos tirantes se relajan al contacto con los borbotones espumosos que liberan vapor salobre.

La alta temperatura del líquido contrasta con la fresca y cristalina agua corriente del río que pasa a solo unos cuantos pasos de la fuente termal, y ahí es donde los más experimentados llevan al muchacho lastimado, para lavarle los profundos cortes que una mordida del lince le ha ocasionado cerca de la ingle derecha, cuando se acercó al animal pensando que ya estaba muerto.

Momentos antes de la llegada de los pames, un grupo completamente ajeno a ellos ha chapoteado también en la alberca natural. Muy a su pesar, ya han abandonado la poza pues deben preparar su partida; les esperaba un largo camino hacia el sur para regresar a Nengutay (Jilotepec). Se trata de una patrulla de exploradores otomíes impaciente por confirmar al jefe de su clan las maravillas encontradas.

Antes de emprender la caminata deciden recuperar algunas flechas para recargar sus carcajes. En eso están cuando llegan los nómadas. Como se encuentran dispersos y son superados en número, tienen que permanecer en posiciones discretas para no delatar su vulnerable presencia. Así pueden observar con asombro los extraños comportamientos de los salvajes chichimecas. Ven, por ejemplo, que algunos recolectan una espuma parda atrapada en las ramas bajas de un sabino y la ungen con ella en la carne viva del muchacho lesionado. Ambos bandos sabían de la existencia del otro por los dichos de los viejos, pero ellos nunca se habían visto.

Un otomí es sorprendido por dos pames vigías, que lo capturan y lo llevan a la orilla del venero. De manera visiblemente altanera lo interrogan, pero el cautivo no entiende nada. De pronto, una flecha se clava en la otra pierna del pame herido. El alarido produce un revuelo que es calmado rápido por el jefe. Este, inteligentemente, se da cuenta de que una posibilidad es que los desarmados bañistas podrían ser blanco de una lluvia de saetas y decide negociar con ademanes para liberar al prisionero. Por lógica, los otomíes huyen, y aquel incipiente contacto queda en un hecho sin consecuencias mayores.

Desde luego, la intención de este inserto ficcionado tiene el propósito de retratar un poco el entorno natural, como pretexto para encajar el importante tema del encuentro y posterior entreverado de las dos etnias responsables de la penúltima ola de poblamiento en este suelo. En la última se añadió sangre europea a la mezcla prehispánica.

Intenté con claro propósito hacer una recreación grácil y hasta ingenua, casi bucólica, por motivos pragmáticos. Por supuesto que en doscientos años de contacto pudo haber enfrentamientos verdaderamente violentos con sucesos indignos, como secuestros, violaciones y desollamientos, pero, a fin de cuentas, es la combinación de esos genes lo que constituye el material básico de la población autóctona.

Otra cuestión fundamental de ese hecho histórico de Tequis fue que el acercamiento propició la amalgama cultural. En ese sentido, el comercio fungió como un factor decisivo; cada etnia contaba con bienes que la del otro lado del río necesitaba —por ejemplo, pieles de un lado, cerámica del otro— y, como una negociación sin lenguaje no es posible, las palabras se empezaron a intercambiar y con ello sus deidades fueron compartiendo cielo.

Los dueños de la cancha

El término *Oto-pame* proviene de esta relación, y no necesariamente de que compartan un origen genético, por eso advierte Paul Kirchhoff que:

> *De todas las familias lingüísticas que forman parte de Mesoamérica sólo una, la otomí, tiene algunos miembros (los pames y jonaz…) que no pertenecen a ese conjunto cultural[2].*
> (Kirchhoff, 2009, p. 4).

Por el roce centenario, poco a poco, la cultura permeó: hubo cruce de conocimientos, ideas y muy probablemente hasta creencias[16]. ¡He aquí una muestra más de que por Tx atraviesa la palpable frontera geográfica-cultural de México!

Para el siglo XV, la Triple Alianza se erigió como el nuevo eje de poder nahua. Ahora los tributos tenían nuevo destinatario: el tlatoani azteca Itzcóatl, para quien Jilotepec, aparte de ser el centro de poder otomí dónde se concentraba la recaudación del tributo en especie, también hacía las veces de colchón entre la temida Gran Chichimeca y Tenochtitlan; el primer filtro que los contendría en caso de que a los bárbaros se les ocurriera penetrar hacia los territorios mesoamericanos. La verdad es que tarde o temprano la exigencia del tributo habría presionado más y más el desplazamiento otomí al norte, cosa que finalmente ocurrió, pero no obligado por los macuahuitls mexicas (espadas aztecas), sino por los mosquetes españoles.

Hacia principios del siglo XVI, cuando llegaron los españoles, la zona llevaba dos siglos de transculturación, probablemente con presencia otomí permanente en las riberas del río San Juan, pero en forma de aldeas provinciales. Por su parte, los pames, sin dejar de ser nómadas, permanecían en sus campamentos por periodos un poco más prolongados, atentos a las estaciones del año (es lo que se define como seminómadas estacionales), y ya poseían algunos campos donde practicaban una agricultura incipiente; sin embargo, lo más destacado es que las dos culturas estaban totalmente entreveradas, es decir, funcionaban ya en simbiósis[17].

CAPÍTULO III

LLEGARON LOS ESPAÑOLES

La Conquista

En 1521, Cortés conquistó Tenochtitlan, y apenas once años después, en 1532, Maquiavelo publicó *El príncipe*. Dadas las dificultades de comunicación del siglo XVI, es muy poco factible que el escritor renacentista haya accedido a los detalles de la proeza española. Sin embargo, en el capítulo tercero de ese clásico se encuentra la siguiente afirmación:

> *Lo que ocurre comúnmente es que, no bien un extranjero poderoso entra en una provincia, se le adhieren todos los que sienten envidia del que es más fuerte entre ellos; de modo que el extranjero no necesita gran fatiga para ganarlos a su causa, ya que enseguida y de buena gana forman un bloque con el estado invasor[18].*

Nadie duda que esa sentencia se cumplió aquí al pie de la letra:
- El poderoso extranjero, Cortés
- La provincia, Mesoamérica
- Los envidiosos (doblegados) del más fuerte, los tlaxcaltecas y varias etnias más
- Los tiranos locales, los mexicas.

Gracias en buena medida a ese hecho fortuito, desde el desembarco de los conquistadores hasta la toma de la gran sede del Imperio mexica, transcurrieron tan sólo 29 meses. Imagino que algunos lectores estarán pensando: ¿qué le pasa a este autor? ¿Está refiriendo historia de México o de Tequis? Sí, así es, la inquietud es del todo comprensible.

En mi defensa, diré que mi intención es contextualizar para que, en contraste, se realce lo sucedido aquí durante —pero sobre todo después de— este pasaje de la historia nacional.

Y es que estamos acostumbrados a ver la Conquista casi como un hecho aislado, y no como un proceso que duró siglos y con ingredientes extraordinarios, algunos de ellos también fortuitos, pero determinantes, como el hecho de que Mesoamérica cediera el paso a Aridoamérica. Ahí es donde entra en escena Tequis. Dicho esto, prosigo con el planteamiento.

- Hernán Cortés llegó al continente siendo prácticamente un forajido, los recursos con que contaba eran mínimos y el tiempo apremiante; tenía que dar resultados inmediatos para obtener la venia directa de la Corona. Después, a pesar de un escenario lleno de complicaciones, entre la fortuna y su osadía, protagonizó, sin duda —por lo menos desde la perspectiva europea—, un *momento estelar de la historia* —siempre he pensado que esta joya debió haber sido un capítulo de la gran obra de Stefan Zweig—.

- Hubo muchos factores, pero el más determinante en la pronta caída de Tenochtitlan fue la fácil alianza que lograron los españoles con los no pocos enemigos que tenía el pueblo Mexica. Sus aliados más destacados en esta etapa fueron los tlaxcaltecas, pero más adelante otra etnia les fue fundamental: los otomíes.

- Más allá de consideraciones dogmáticas, es un hecho que la permanencia en el territorio invadido va de la mano con que las creencias del conquistador sean las que prevalezcan. En ese sentido, la implantación de la fe católica era absolutamente indispensable, sólo que, en esos 29 meses de conquista, lo importante era mostrar el músculo. Los primeros religiosos llegados tenían solamente propósitos de culto para la soldadesca católica.

¿Y después de Tenochtitlan qué?

La realidad es que hasta ese punto fueron vencidos los mexicas, pero México distaba mucho de ser conquistado; es más, distaba mucho de poder considerarse como una sola nación. Hernán Cortés pronto entendió que su proeza constituía apenas el primer paso para consolidar lo ganado (parte de Mesoamérica) y hacerse de un territorio que intuía mucho mayor y más rico (Aridoamérica). El hecho de que los linderos al norte se encontraran a no muchas leguas de la gran Tenochtitlan era signo inequívoco de una barrera que había frenado la expansión del Imperio azteca hacia esa dirección.

Ya para 1521, los exploradores españoles y los informantes indígenas daban cuenta de varias etnias nómadas o seminómadas, extremadamente feroces. Era lógico pensar que las ventajas bélicas que los chichimecas habían mostrado contra los mexicas podrían ser fácilmente resueltas con la superioridad tecnológica española, sumada a una alianza ahora reforzada con el poderío mexica.

Pues resulta que no, la indiscutible preeminencia militar que los invasores tuvieron en el sur no se replicaría en el norte. Estas son algunas razones:

- Las piezas de artillería necesitan objetivos precisos, por ejemplo, aldeas establecidas que no existían en Aridoamérica.
- Las armaduras resisten *macuahuitls* (espadas aztecas), pero no las certeras flechas chichimecas.

- En campo abierto, los caballos no sirven para arrollar enemigos de a pie, ni para crear pavor al ser percibidos como una suerte de centauros. A diferencia de los contrincantes mayas en Centla, los chichimecas tuvieron varios años para identificar que se trataba de animales vulnerables montados por hombres mortales. De hecho, con el tiempo, ellos se convirtieron en hábiles jinetes.
- Bestias y jinetes cabalgando en clima desértico, más pronto que tarde, deben parar por agua, alimento y descanso. Cuando eso sucede a campo abierto, se vuelven presas de cacería.
- Los chichimecas no eran tributarios de los mexicas, por lo tanto, no veían ninguna ventaja en una alianza con los españoles.
- La leyenda del retorno de Quetzalcóatl nunca permeó entre los chichimecas, que tenían sus propios mitos, por lo que no convertía a Cortés en el esperado dios que debía ser temido.

En conclusión, si el gobernador y capitán general quería continuar su cruzada conquistando el septentrión, la estrategia y el plazo obligadamente debían cambiar. La frontera geográfica volvió a influir de manera determinante en la historia.

La nueva estrategia

Obviamente, no es que Cortés hubiera concebido un "proyecto ejecutivo", esos términos son conceptos modernos, pero si observamos los grandes lineamientos adoptados, parecieran como de manual. Las columnas que soportaron el arraigo y la expansión de la Nueva España fueron:

- Recompensa a los conquistadores.
- Evangelización.

- Colaboracionistas indígenas castellanizados.
- Fundación de villas españolas (colonización).
- Construcción de caminos.

Dada su complejidad, cada uno de estos puntos requeriría de volúmenes enteros para ser explicado, pero como el propósito de este libro no es la historia de la Conquista, sino de Tx, los abordaré lo más sucintamente posible, sin dejar de mencionarlos por la incidencia directa que tuvieron en esta región.

Recompensa a los conquistadores

Es bien sabido que la Corona española no envió precisamente militares de élite a las indias; las huestes ibéricas se componían de mercenarios, aventureros, campesinos sin tierra y uno que otro caballero de la Orden de Santiago. Todos ellos se embarcaron a sabiendas de que se enfrentarían a peligros extremos, y asumían que a cambio podía haber un regreso colmado de riquezas, poder, honores, títulos y fama[7Di]. Esa condición del ejército de conquista hacía especialmente importante para los líderes mantener altas las expectativas y así evitar la deserción.

Una vez conquistada Tenochtitlan, la primera orden que dio Cortés fue limpiar la ciudad. En eso estaban cuando... cito

---

[7Di] Dato inútil. Entre los hombres que se embarcaron en la proeza que significó América, varios de los pocos que sabían leer traían consigo novelas de caballería —las mismas que hicieron perder la razón a don Quijote de la Mancha—. En las largas travesías, los relatos de aventura se contaron una y otra vez, tanto que llegaron a percibirse como ciertos. Algunos hombres debieron perder el piso al imaginarse a sí mismos protagonizando las andanzas de los héroes medievales, todo engarzaba perfecto en sus sueños de opio, incluso el escenario con vegetación y animales indescriptibles, además de hombrecillos rojos desnudos, pero ataviados con pectorales de oro y mechones de extraños plumajes.

textualmente a Bernal Díaz del Castillo:

Todos los capitanes y soldados estábamos algo pensativos desque vimos el poco oro y las partes tan pobres y malas[19] (p. 357)(sic).

Esos pensamientos entre la soldadesca eran indicio del grave riesgo que corría la campaña, pues ningún oro les parecería suficiente para gratificar su portentosa participación.

Un manual maquiavélico supongo que diría: para controlar a la gente que te ayudó, no bastará repartirles el botín, pues en ese momento dejarás de contar con ellos; se dispersarán para intentar regresar a su tierra o buscarán por su cuenta Cíbola[8Di], cometiendo de paso cualquier cantidad de atrocidades.

Por otro lado, Cortés no sólo requería un ejército leal, le era indispensable que esos hombres echaran raíces en la Nueva España. Además, es probable que él hubiera desarrollado un sentido de pertenencia a los territorios conquistados, y por ello no quería repetir la experiencia de las Antillas, donde se exterminó a los indios. En su cuarta carta de relación, refiriéndose a sus paisanos, Cortés dijo al emperador que:

[...] no están muy satisfechos... los más tienen pensamientos de se haber con estas tierras como se ha habido con las islas que antes se poblaron, que es esquilmarlas y destruirlas y después dejarlas[20]

En esa situación, el extremeño, desoyendo a la Corona, mató dos pájaros de un tiro: tras repartir el botín, premió a sus

---

[8Di] Dato inútil. Cíbola es un mito que se fraguó entre los conquistadores, a partir de una vieja leyenda medieval y los dichos de algunos exploradores españoles, según la cual muy al norte de la Ciudad de México se encontraban siete ciudades tan ricas que sus calles eran de plata y las casas estaban empedradas de esmeraldas[21] (Levin, pp. 50-55) soldados con tierras que les proveyeran riquezas.

No se trataba exactamente de una propiedad, sus métodos fueron los de la Reconquista medieval española, es decir, simular una especie de sistema feudal con la figura "legal" de la encomienda. No inventó el hilo negro, pues Colón lo hizo antes con pésimos resultados, pero, según Cortés, con sus ordenanzas (leyes) evitaría los abusos.

El sentido de la figura de la encomienda suponía la protección de los habitantes de cierta demarcación a cargo del encomendero. Sin embargo, en la práctica convenientemente se entendió como la cesión de una porción de tierra con jurisdicción sobre sus habitantes, quienes darían tributo al encomendero a cambio de protección[22] (como los aldeanos europeos de la Edad Media, que tributaban a su Señor a cambio de protección armada en caso de invasión o salteadores).

Con esto, por un lado, los soldados beneficiados al sentirse terratenientes se olvidarían de querer regresar a su terruño y, de paso, controlarían a los indios encomendados. Una de las primeras y más grandes encomiendas que Hernán cortés repartió fue al capitán Juan Jaramillo. Más adelante explicaré la importancia de este suceso en tierras tequisquiapenses.

Evangelización

Ciertamente, durante el breve tiempo que duró la conquista de Tenochtitlan, cada avance se hacía «en nombre de la Corona y por la gracia de Dios». La religión estaba presente, pero no como herramienta de afianzamiento en la toma de territorios, sino como profesión de fe, o sea, como apoyo en la práctica del culto cristiano de los invasores. Los pocos frailes que acompañaron a Cortés y su pequeño ejército tenían como propósito satisfacer los servicios religiosos de la soldadesca católica (misas y confesiones), y si bien en cada sitio ocupado se sustituían los ídolos indios por la cruz cristiana, esto tenía más bien propósitos simbólicos.

En la nueva etapa (léase Virreinato), la cristianización de los naturales se vuelve formalmente parte de la estrategia.

En la cuarta Carta de Relación de Hernán Cortés a Carlos V[20], por primera vez se solicita expresamente el envío de religiosos para ese fin. Así, en 1524 llegan los doce apóstoles de México, llamados así con toda intención pretenciosa por ser una docena de franciscanos quienes, se puede decir, iniciaron la cruzada americana, también llamada «Conquista Espiritual».

Si hay un tema harto de aristas complejas es este. La erradicación de las ideas religiosas autóctonas implicó mucho más que construir templos. A riesgo de verme simplón, me conformaré con comentar algunas prácticas útiles implementadas por esos primeros franciscanos.

- Fray Toribio de Benavente (Motolinia) y compañía entendieron que, si el idioma constituía el primer obstáculo, no serían los naturales quienes se deberían esforzar para aprender español, así que ellos aprendieron, de entrada, náhuatl y otomí (hñahñú).

- Cómo las ceremonias prehispánicas se desarrollaban al aire libre, mientras se construían los templos católicos, los misioneros erigían elementos de sutil introducción, como púlpitos[9Di] y cruces atriales; los primeros, para sermonear desde "afuerita"; y las segundas, para conseguir un doble propósito: celebrar sus primeras

---

[9Di] Dato Inútil. En Tequisquiapan no hay rastros de su existencia, pero es muy probable su utilización. Hasta donde yo sé, el último de su especie se encuentra en Tetillas (hoy Villa Progreso), pueblito del vecino municipio de Ezequiel Montes.

misas en los atrios, con el fin de que los pobladores originarios se resistieran menos a las ideas cristianas, y crear expectación sobre los edificios de arquitectura europea construidos con mano de obra india para que, cuando finalmente se inaugurara, todos cruzaran sus pórticos no solo sin reservas, sino hasta con ilusión.

Desde luego, ya que los «anfitriones» desconocían el idioma castellano, como parte del adoctrinamiento, a las cruces atriales se les incorporaban elementos de la pasión de Cristo, tales como los clavos, el martillo, la lanza o las monedas de Judas.

Otra herramienta relacionada con la anterior son las llamadas genéricamente «capillas de indios», que tienen varias modalidades: las capillas abiertas, que al igual que las cruces dentro de los atrios, aligeraban el impacto ideológico; las de segregación social; y las que en Tequisquiapan y algunos otros lugares de la frontera norte mesoamericana prevalecieron: los oratorios familiares, también llamados capillas oratorio, mismas que tendrán un segmento especial en el capítulo siguiente.

- Por último, las misiones, aunque a estas, en una mirada superficial, los feligreses, vecinos, turistas e incluso operadores turísticos, comúnmente, las perciben como templos, sin que nadie les aclare su "misión" estratégica. Es vergonzoso —así me lo parece— que los guías de turistas en la Sierra Gorda se encuadren sólo en los aspectos arquitectónicos de las fachadas, atrios y altares, dejando de lado su verdadera importancia[10Di]. La realidad es que las misiones son más que un tipo de construcción religiosa que se deba admirar por sus atributos estéticos

---

[10Di] Dato inútil. ¡Bueno! La verdad es que donde quiera se tuestan habas, en San Francisco, Ca., una de las ciudades más visitadas de Estados Unidos, se encuentra la Misión de San Francisco de Asís, también fundada por fray Junípero Serra.

y/o su antigüedad. Al igual que en los conventos y monasterios, sus templos son partes fundamentales del conjunto, pero su objetivo va más allá del culto. En este caso, como su nombre lo dice, tienen una "misión". Es decir, la misión no es un edificio religioso, es un concepto: evangelizar a los indios ganándose su confianza.

Se podría decir que fue la estrategia alterna, cuando la imposición o el sutil sincretismo evidencian su ineficacia. La misión es una fórmula medieval de la iglesia católica a través de la cual se siembra un pequeño grupo de profesantes de la fe donde no son bienvenidos, con la intención, por decirlo así, de hacer proselitismo para difusión evangélica. Su método es completamente pragmático. Desde luego, son organizadas y dirigidas por religiosos, pero cuentan con albergues temporales para población en desgracia, enfermerías, talleres, silos, quizás algún molino, aulas para catecismo y enseñanza de artes y oficios, huertos, jardines y por supuesto oratorios. En fin, todo aquello que propiciara el estrechamiento cultural.

Colaboracionistas indígenas castellanizados

Entre las etnias conquistadas, excepto los tlaxcaltecas que contribuían con bravos guerreros que fortalecían de manera importante la discreta soldadesca gachupina, había de dos tipos: los *macehualli* (el pueblo), que serían los encomendados, y los prominentes, que a su vez, por su origen o actividad, son los *pipiltin* (nobles) y los *pochtecatl* (comerciantes); algunos líderes de esa clase privilegiada serían los destinados a ejercer

---

Obviamente, ese es su origen histórico; sin embargo, los pocos turistas que la llegan a conocer son aquellos que van por su propia cuenta, ya que no es ni remota sugerencia de las ofertas turísticas "más completas".

cargos públicos y cacicazgos, llegaban a ser distinguidos con nombramiento militar e incluso hasta podían aspirar a ser premiados con mercedes reales.

Era obvio que habrían reconocido abiertamente tanto su calidad de súbditos de la Corona, cómo su conversión religiosa. Desde luego aprenderían a hablar, leer y escribir castellano y vestirían a la usanza europea. Su papel en la Nueva España fue crucial, pues de ellos se sirvieron Cortés y luego los virreyes. En los movimientos de avanzada, la mediación de estos colaboracionistas donde habitaban indios libres suavizaba los encuentros con castellanos.

Particularmente en los valles centrales y bajío queretanos casi no hubo necesidad de conquistadores españoles para ocupar territorio. Con los aliados indígenas como Conín y Nicolás San Luis de Montañez se logró el cometido.

Fundación de villas españolas, colonización

La única manera de hacer efectiva la conquista de una demarcación insospechadamente grande es ocupando los espacios ganados; sin embargo, la posesión no es un asunto sencillo, implica decisiones encontradas. Por un lado, la fuerza militar se requiere para sofocar los brotes de rebelión; si no se asegura el control, de nada habrá servido la campaña. Por otro lado, los soldados invasores, sí o sí, en poco tiempo serán requeridos para incursionar en nuevos territorios.

El dominio sólo se puede afianzar imponiendo las reglas del juego, es decir, implantando el sistema político conocido por el conquistador. En este caso se empezaría por refundar las células sociales según el tamaño: barrios, pueblos, villas o ciudades, con sus respectivas autoridades a la manera española —este dato es clave en el capítulo que sigue—.

Para ello, se habrá de seleccionar, con todo cuidado, algunos oficiales participantes en la toma del poblado para que queden a cargo como recompensa por sus servicios, pero con una condición: que ellos, sus esposas y sus hijos se constituyan como los primeros colonos, seguidos de familias comunes españolas, dispuestas a arraigarse y adaptarse en la inevitable coexistencia con los conquistados.

Atraídos por interesantes prebendas, otros inmigrantes peninsulares llegaron a América como pioneros. Muchas costumbres y rasgos culturales trajeron consigo estos nuevos habitantes, aunque los naturales aportaron también una enorme riqueza idiosincrática. Las colonias poco a poco fueron sembrándose en todo el territorio, unas de manera pacífica, otras después de intensos y a veces prolongados conflictos, pero a lo largo de trescientos años fueron la simiente de un nuevo país.

Tequisquiapan es producto de una de esas historias de colonización.

Construcción de caminos

El manual del conquistador seguro incluye este paso, y el gobierno de la Nueva España se lo tomó muy en serio. No dudo que el ejemplo a seguir fuera el Imperio romano, cuyo éxito se consolidó a partir de la construcción de la Vía Apia. No en balde la famosa sentencia: «Todos los caminos llevan a Roma».

En Mesoamérica, muchos caminos también conectaban a Tenochtitlan, aunque los surcos fueron hechos a pie de tameme, y lo peor es que al norte sólo cubrían la provincia de Xilotepetl, donde, como vimos antes, se concentraba el principal asentamiento otomí. Ellos, los otomíes, por su parte, tenían veredas que se extendían hasta los linderos de Mesoamérica, es decir, hasta donde empieza el semidesierto.

Si la mira conquistadora apuntaba hacia la Gran Chichimeca, el no contar con buenos caminos que la penetraran echaría por la borda los esfuerzos para arraigar conquistadores, castellanizar indios influyentes, fundar villas europeizadas y evangelizar naturales.

Hubo muchos caminos que se reconocieron como «Caminos Reales» si su preexistencia beneficiaba a la Corona; la declaratoria los hacía principales y, por tanto, vigilados (no necesariamente el monarca debía pasar por ahí para tener el rango de Camino Real), pero hubo uno en particular que resultó como la columna vertebral de la Nueva España: el Camino Real Tierra Adentro, también conocido como el Camino de la Plata. El municipio de Tequisquiapan durante ciento cincuenta años fue escenario fundamental de este paso y espacio surcado por una ramificación secundaria que llegaba a las aguas tequesquitosas y los confines mesoamericanos.

No quiero dejar de lado las construcciones llamadas presidios. La verdad es que en Tequisquiapan no las hubo, pero para no dejar este tema como las torres de San Felipe[11Di], sólo haré una breve mención de estas alternativas empleadas por los conquistadores en lo que denominé "La nueva estrategia". Resulta que donde se iban presentando problemas, sobre todo de resistencias por parte de los naturales, se construían presidios. Justamente, como en esta zona los naturales son de origen pame-otomí, y por tanto de naturaleza pacífica, no fueron necesarias estas construcciones, que, por cierto, no se trata necesariamente de cárceles; aunque

---

[11Di] Dato inútil. - La iglesia principal de San Felipe, en realidad, fue construida como presidio. Estos no tienen campanarios, sino torres bajas para atalaya rematadas con almenas. Es por lo que al convertirse en templo sus torres tenían apariencia de estar truncas o mochas.

en la actualidad identificamos ambos términos como sinónimos, los presidios surgen más bien como fuertes o —por llamarlas con lenguaje moderno— bases militares para la defensa contra el asedio de las etnias que vendían cara la sumisión.

CAPÍTULO IV
NUEVA ESPAÑA

La época que nos integró como nación

Nuestro país, en su riqueza cultural y su idiosincrasia, no se puede explicar soslayando los trescientos años transcurridos entre 1521 y 1821. Fue en la Colonia, con todo y sus injusticias, cuando se forjaron los cimientos de este país. Sí, sin los hechos de esa época, aquí habría tal vez una nación mejor o peor —esa polémica es ajena a las intenciones de este texto—, pero no este México que pisamos, que sufrimos y que amamos.

Y por lo que toca a la tierra del agua y el tequesquite, es tan prodigiosa que, sin duda, otros la hubieran ocupado, sólo que quienes lo hicieron, cuando lo hicieron y cómo lo hicieron, cincelaron lo que hoy es Tx.

Los antecedentes referidos en los capítulos anteriores servirán de marco de referencia para que, al encajar las piezas del rompecabezas, emerja un panorama que ayude al mejor entendimiento de este terruño.

Migración otomí al norte

Por la relativa cercanía de Jilotepec con el lago de Texcoco, los otomíes estaban muy al tanto de lo que venía sucediendo conforme los invasores europeos avanzaban, las noticias llegaban en boca de los varios comerciantes. Uno de ellos era el mismísimo Conín, uno de los más famosos protagonistas indígenas (al menos en la región queretana); es muy probable que tuviera su primer contacto con los españoles en tierras tlaxcaltecas antes de la toma de Tenochtitlan. Aunque en cierta forma los naturales de la etnia otomí pudieran ver con simpatía que los extraños dominaran a sus tiranos, el temor a lo desconocido prevalecía. Es por ello que, desde 1521, algunos grupos migraron hacia el norte. Ciertamente, desde antes había pequeños caseríos, además de vigías instalados según refiere el Códice de Jilotepec[23] (p. 14) al mencionar «[...] guarniciones de gente de guerra contra los indios chichimecos»; es decir, guerreros otomíes servían de primea línea defensiva para el Imperio mexica.

De los autodesterrados, unos se fueron a una zona montañosa y la llamaron *Amellayi* (Amealco), otros llegaron más al norte, hasta las cañadas con paredes que semejan campos de juego de pelota, lo llamaron *Ndamaxei* o *Tlachco* (Querétaro).

Los menos, liderados por un cacique llamado Mexici, optaron por establecerse donde un caudaloso río marcaba el fin de las tierras fértiles. A la aldea fundada la llamaron Yztacchichimecapam (Chichimecas blancos). Más tarde cambiaría su nombre por el de San Juan del Río. Dentro de la misma demarcación, siguiendo el curso del torrente, la zona de las pozas de agua termal atrajo a los otomíes más aventurados a buscarse un huequito junto a sus paisanos precursores, aquellos que aisladamente, desde mucho antes, ya convivían en paz con los naturales de la etnia pame. Estas son las raíces genealógicas de los habitantes originarios.

Seguro esa incipiente colonia ya tenía nombre para cuando llegaron a la zona los españoles. Este dato merece ser retenido en la memoria para comprender mejor conceptos posteriores —de modo que lo destaqué en negritas—, aunque, por desgracia, se desconoce. La cuestión esencial en este segmento es que esta sociedad biétnica de principios del siglo XVI, que ocupó los terrenos donde hoy se encuentra Tequisquiapan, es el punto de partida genético de los habitantes originarios de este municipio; los ancestros biológicos de los tequisquiapenses de linaje.

Jilotepec, síntesis de la nueva estrategia

Toda vez que este libro pretende historiar sobre Tequisquiapan, juzgo ineludibles unas líneas dedicadas a Jilotepec, pues, si bien ni al estado de Querétaro pertenece, allí se encuentran, como señalé anteriormente, parte de las raíces de los pobladores originarios de Tx; además, fue el escenario idóneo para que los españoles practicaran una nueva estrategia, hecho que consolidó la migración hacia esta zona.

En Jilotepec se conjugan simultáneamente, por primera vez, los cinco pilares en que se replanteó la Conquista española:

1. Es una encomienda repartida a los colaboradores de Cortés.
2. Se practica la evangelización. Aquí entran en acción los métodos de los llamados "doce apóstoles mexicanos".
3. Se echa mano de colaboracionistas indígenas castellanizados.
4. Se refunda como villa española.
5. Funge como vital escala del Camino Real de Tierra Adentro.

Pero no se trató de la elección caprichosa de alguien, varios factores lo convirtieron en el punto de partida hacia la Gran Chichimeca.

71

Resulta que Xilotlepetl fue la provincia más septentrional del Imperio azteca; aunque sus moradores eran de origen otomí, tenían muchos años siendo tributarios del tlatoani mexica y las relaciones comerciales entre ambas poblaciones eran muy importantes. Además, por su posición geográfica, constituía —insisto— una poderosa barrera contra los bárbaros chichimecas.

Evidentemente, desde su llegada, los españoles observaron esta situación estratégica y se asomaron al norte por ahí. Para incursionar tierra adentro tenían que abrir la puerta otomí.

Es muy probable que las razones anteriores fueran la causa de que Hernán Cortés decidiera convertir esa gran zona en una de las primeras y más grandes encomiendas de Nueva España. El capitán Juan Jaramillo era el encomendero perfecto; no tenía las habilidades ni la ambición de Alvarado, Portocarrero u Olid, pero sí la experiencia militar para controlar esa provincia.

Una magna cruz atrial de cantera labrada presidió los trabajos de evangelización al estilo franciscano, en un pueblo pacífico y muy familiarizado con la cultura mexica. La resistencia a la doctrina cristiana fue nula, para cuando llegaron los españoles, los jilotepequenses más renuentes ya habían emigrado; a otros los hizo huir el nuevo mandamás.

En Xilotepetl se sedujo a los primeros colaboracionistas indígenas para sumarse, abierta o secretamente, a la causa ibérica. De ellos, algunos se infiltraron (y volvieron a vestir taparrabos para ello) en las comunidades otomíes del norte, para ir preparando su dominación en nombre de la Corona; y otros, ataviados cual caballeros de Santiago, llegaron en plan de conquistadores, con ejército incluido bajo su mando, a refundar pueblos y villas con el sello novohispano.

Los confines de la gran encomienda

Sin duda, el capitán Jaramillo tuvo sus méritos como conquistador, por ejemplo: fue comandante de uno de los bergantines con los que se consiguió dominar a Tenochtitlan. Seguramente, Cortés lo apreció más durante la «Noche Triste», cuando «se le saltaron las lágrimas»[19], pues Juan pudo enjugárselas con algunas piezas de oro que rescató del botín perdido. Y es que a este oficial le tocó la suicida misión de ir a la retaguardia en la «graciosa huida» por la Calzada de Tlacopan (hoy Tacuba). Desde luego, no solo salvó la vida, sino que se las arregló para recuperar un piquito del tesoro. La importancia de ese hecho no fue de índole material, sino como demostración de lealtad; como sea, Cortés lo eligió sobre otros colaboradores con más medallas, pero también con más ambición.

La encomienda abarcaba toda la zona de influencia del prehispánico Xilotepetl, es decir, los linderos eran muy imprecisos, sin embargo, al norte había un claro parámetro: la frontera con la Gran Chichimeca; allí, donde termina Mesoamérica y empieza Aridoamérica. Allí donde convergen y se entrelazan las etnias otomí y pame.

Obvio que Juan no bardeó el terrenito. Tampoco les llevó un pay de manzana a sus vecinos. Lo más probable es que organizara grupos de exploradores, que identificaran los solares más promisorios para convertirlos en productivas fincas. Mismas que serían administradas por gente de su confianza, con lo cual surgieron decenas de estancias y haciendas entre las que habrán estado varias que a la fecha siguen plenamente identificadas en territorio tequisquiapense.

Hacienda la Asunción

Fuentezuelas, San Nicolás, La Laja, Santillán, La Fuente, El Tejocote, La Tortuga, San José Buenavista y La Asunción son algunas de las haciendas cuyos nombres resultan muy familiares a los moradores originarios de Tx. Desde luego, no todas surgieron al mismo tiempo ni de la misma manera. A lo largo de siglos se gestó un intrincado movimiento inmobiliario, un proceso que además de largo y complejo, fue fragmentador.

«¿Cuál sería el objeto de insertar el párrafo anterior?», se preguntaría, con razón, el lector. Bueno, la idea es destacar que, de entre todas las mencionadas, hay una que sobresale con mucho. Me refiero, por supuesto, a la hacienda La Asunción porque, tras considerar no sólo sus dimensiones, sino su ubicación, nombre, historia catastral y simbiosis con Tequis, se puede afirmar categóricamente que La Asunción es la bien llamada Hacienda Grande.

Debió haber sido señalada como la posesión más norteña de Jaramillo, y desde siempre por razones obvias se le conoció como Hacienda Grande. Pero su nombre oficial seguro fue decisión del hacendado encargado o su esposa, que tendría gran veneración por esta virgen y, por supuesto, le heredó tanto el nombre como la devoción al villorrio que se desarrolló por mucho, debido a su influencia económica —de acuerdo con un dato de mi amigo, Juan Carlos Hernández Nieves, parece que en algún tiempo se llamó Hacienda Todos Santos. No hay contradicción, el caso es que, en algún punto del tiempo, el encargado en turno o ya propietario llamó al predio La Asunción—.

Los habitantes de los barrios de San Nicolás y San Pedro (actual centro de Tx) estaban íntimamente relacionados con su quehacer agropecuario, pues, en su mayoría, los vecinos eran trabajadores de la hacienda o familiares suyos, y el resto tenía alguna actividad económica asociada a su operación productiva, ya sea en el comercio o los servicios.

Al parecer, la rentabilidad de este negocio salpicaba de abundancia —bien que mal— a toda la comunidad. Elegí el término «salpicaba», porque la clave de la generación de riqueza era, sin duda, el agua. Ésta, además de correr copiosamente por la cuenca del río, se hallaba en pozos poco profundos y manantiales termales. En el área que hoy se conoce como el parque La Pila estaban los veneros gigantes a que me refiero en el apartado *Transculturización*, del capítulo II. Son las mismas cavidades naturales a las que en 1567[7] don Antonio de Luzundía mandó abocardar y dar forma para un mejor acopio de los flujos hídricos y, en palabras del señor Jorge Vega, para "regar sus tierras de cultivo"; lo que hace presumir que ese español fue el primer poseedor del gran inmueble, muy probablemente no en calidad de dueño, sino de administrador enviado por el capitán Juan Jaramillo.

Fundación de Tequisquiapan

Entre los lectores de cualquier monografía, hay de dos tipos: los interesados en el tema y los estudiantes que están haciendo la tarea. Sin importar la razón, casi todos echarán al menos un vistazo al origen del objeto de estudio; en el caso de una ciudad, serán los hechos de su fundación.

Mi primer acto de investigación cuando empecé este proyecto fue lo que hace todo el mundo en el siglo XXI: digité en un buscador de internet las palabras «fundación de Tequisquiapan»; lo que obtuve fueron 112 321 resultados. ¡Fantástico! Pensé: «Ahora, sólo selecciono sitios web por su seriedad, cruzo datos, los comparo con mis fuentes impresas y ya está. Con un buen resumen cumpliré con mi propósito».

Todo iba a pedir de boca. Las diferencias halladas se reducían a sutilezas, y las coincidencias me remitían al gran documento: La Cédula de Fundación, un evocativo y hasta poético texto que, con santo y seña, ofrece gran cantidad de detalles sobre el nacimiento de la nueva población novohispana.

En principio es tan concluyente la información que simplemente no hay espacio para la discusión; así es y punto… sólo unas pocas inconsistencias me impidieron pasar al siguiente tema. De entrada, el hecho de que los autores citan, e incluso reproducen, el texto histórico, pero ninguno da cuenta del lugar donde se encuentra el mismo, me generó la necesidad de profundizar un poco más en este tema.

Luego, haciendo comparaciones pude advertir diferencias en la redacción, cosa que no debería suceder tratándose de transcripciones, puesto que la copia debe replicar los puntos y comas del original. Así, en unas fuentes, el documento menciona el lugar exacto donde se dio el acto fundacional: un mezquite bajo cuya sombra se llevó a cabo; y en otras, el supuesto mismo facsímil omite tal dato.

La casi obsesiva búsqueda despertaba más dudas; seguí explorando por la web hasta dar con un dato que tira por la borda la autenticidad y veracidad de la Cédula de Fundación. Ante tal circunstancia, me veo obligado —creo que es lo más honesto— a exponer las dos versiones. A fin de cuentas, como se verá, sólo cambia una simple fecha por unos pocos años, mientras que se enriquece la historia y surgen motivos fehacientes para acentuar el orgullo del tequisquiapense originario.

Versión clásica

San Juan del Río se refundó como pueblo de indios en 1531. Dos décadas después, tocó el turno a la comunidad asentada veinte kilómetros siguiendo el curso del río. Allí, en un lugar conocido como el barrio de la Magdalena, cercano a las pozas termales donde convivían en paz vecinos indígenas de origen chichimeca, pame y otros de ascendencia otomí, el virrey instruyó la refundación de un pueblo de indios en nombre de la Corona española.

El acto de instauración fue sencillo pero solemne. En el lugar elegido se congregaron contingentes de indios pames y de indios otomíes, y, desde luego, una representación militar al mando del capitán general don Nicolás de San Luis Montañez, acompañado de varios de sus oficiales y del fraile Juan Bautista.

Según la Real Cédula del emperador Carlos V, firmada por el flamante virrey Luis de Velasco, el 24 de julio de 1551 se elevó una cruz de madera, se improvisó el altar y se celebró una misa. Al final, fue bendecido el nuevo poblamiento con el nombre de Santa María de la Asunción de las Aguas Calientes.

Después del oficio religioso, el capitán general (otomí de origen, pero castellanizado), vestido de una forma muy rara, instó a los vecinos a guardar fidelidad al emperador y estudiar la doctrina cristiana, además de construir una iglesia en ese lugar. Acto seguido se midió la demarcación para distribuir las tierras de cultivo: 500 varas a los cuatro vientos (418 metros hacia cada punto cardinal). Estos indicios fueron aportados de viva voz por don Salvador Zamorano, quien me aseguró que el lugar que se conoce como Las Crucitas es el filo de las 500 varas al poniente de donde se fundó Santa María de la Asunción como pueblo de indios[12Di].

[12Di]   Dato inútil. El Arco de las Crucitas, donde inicia Av. Juárez, es el sitio que debió ser la entrada principal del pueblo.

Al final, por elección de los indios, se nombraron las autoridades, todas ellas de origen indígena[5], [7], [24], [25], [26], [27], [28].

Versión revisada

Se desconoce cómo, cuándo y dónde con exactitud se refundó Tequisquiapan. Por contra, existe certeza de que para 1547 (cuatro años antes de la fecha de la Cédula oficial) la congregación de indios de la Magdalena ya sostenía una contienda contra españoles, pero no se trataba de una lucha armada para replegar invasores, sino de pleitos legales con el propietario[29] o, mejor digamos, poseedor europeo de un establecimiento agropecuario llamado Hacienda La Asunción —este es el dato que, en mi opinión, desestima la veracidad de la Cédula de Fundación—.

O sea, que para ese año los habitantes de Santa María Magdalena ya estaban integrados a la manera de la administración pública española (recordar lo expuesto en el capítulo III, *Fundación de villas españolas*). Tan es así que gozaban hasta de personalidad jurídica para entablar querellas judiciales —otra cosa es que no les hicieran mucho caso—. Por lo tanto, es muy probable que, a la par de Querétaro y San Juan del Río (1531), o a más tardar de Huimilpan y Amealco (1538), se pudo haber fundado también Tequisquiapan[16] (García Ugarte, 1999, p. 61). No había razón por la cual no entrara en el mismo paquete de colonización, a fin de cuentas, dependía directamente de Jilotepec y estaba muy cerca de San Juan del Río.

Suspicacia

La versión clásica de esta historia es una compilación de los no pocos textos consultados. Todos están en la bibliografía y todos me aportaron valiosísima información sobre diversos temas. Por supuesto, como antes dije, también revisé infinidad de escritos en internet, muchos de los cuales, por cierto, son vulgares *copy-paste*.

Es notoria la contraposición de ambas versiones comentadas. No es que la primera tratase de difundir falsedades al dar por válida la famosa Cédula, sencillamente —creo— no contaba con la evidencia en que se basó la segunda interpretación.

Insisto, conforme examinaba cada fuente, algunas dudas me empezaron a asaltar; cuantos más datos surgían, más se profundizaban las inquietudes. En el cuadro que sigue trataré de resumirlas.

REFERENCIA HISTÓRICA	DUDA
En 1550 inicia la Guerra Chichimeca, conflicto tan complejo que dura cincuenta años.	Es cuestionable una fundación en los términos de la Cédula Real en plena efervescencia bélica.
Omisión del nombre de raíces otomí-pame que debió haber tenido la comunidad en la época prehispánica.	¿Cómo fue la transición del nombre indígena hacia el nombre castellano?
Varias fuentes coinciden, otras pasan de largo sin negar que la fundación se llevó a cabo en un lugar conocido como el barrio de la Magdalena.	• «Barrio» es terminología urbanística española. • «Magdalena» es un apelativo cristiano. • ¿Cómo puede tener ese nombre un pueblo originario aún no refundado por españoles?
Algunos textos se contradicen entre sí respecto a la manera en que se llevó a cabo la fundación, pero ninguno refiere detalles.	¿El nuevo estatus fue aceptado con total sumisión? ¿No hubo el menor asomo de resistencia armada?

REFERENCIA HISTÓRICA	DUDA
El documento físico original —se dice— fue consultado directamente en el Archivo General de la Nación.	Entonces ¿por qué no aparece ya en el recinto que lo custodiaba?
Transcurrieron veinte años entre las fundaciones de dos pueblos separados por muy poca distancia.	¿Qué sucedió entre los años de 1531 y 1551?
La Asunción es el nombre común de la villa y la Hacienda Grande, pero la misa se efectuó en la Magdalena.	¿Por qué se llamó a la nueva villa Santa María de la Asunción, igual que la Hacienda Grande? Sí en la misa fundacional efectuada bajo el mezquite se bendijo al pueblo con el nombre de La Asunción, ¿por qué se le siguió llamando barrio de la Magdalena y la ermita no se erigió con la advocación mariana de La Asunción?

Debo admitir que, para mí, fue muy sencillo desestimar el documento que ha constituido la —en apariencia— única y contundente prueba. Lo cierto es que esa revelación no brotó de una agudeza mental, que desde luego no poseo, sino de la fortuna de haberme topado en esta búsqueda con dudas fundamentadas por verdaderos peritos que lo señalan, tan sólo como un dato más, pero por la razón que sea, no abren el debate en sus publicaciones.

Los argumentos doctos de la nueva versión

Nicolás de San Luis Montañez no existió. Esto suena hasta blasfemo, rompe de un plumazo todas las versiones tradicionales.

La bomba periodística la hallé en un artículo escrito por Andrés Garrido del Toral, cronista queretano. El texto se llama *Rompiendo mitos sobre la fundación de Querétaro*, fue publicado el 29 de junio de 2014 en el periódico **La Voz del Norte,** y se refiere al dicho de un experto en la materia: el Dr. Juan Ricardo Jiménez Gómez[30]

Seguí hurgando, hasta toparme con la opinión de la investigadora de la UNAM María Eugenia García Ugarte. En su Breve historia de Querétaro[16] ella asienta:

> *Es lógico pensar que Santa María Tequisquiapan también fuera fundada en 1538, ya que entre los fundadores se encontraba don Nicolás de San Luis. El poblado se asentó a la orilla del río y se dotó con tierras que medían 600 varas por los cuatro vientos y con el agua (dos ojos de agua caliente) que fuera necesaria para su cultivo y labor. La fundación, repartimiento y posesión fueron confirmados por el virrey Don Luis de Velasco en marzo de 1541. La fecha corresponde al periodo del virrey Antonio de Mendoza; por lo que se piensa que fue un error de quien transcribió el documento y que la fecha real fue 1551. (García Ugarte, 1999, P. 68)(sic).*

Finalmente logré dar con la tesis que para mí es la más acertada; esta viene un tanto velada en un libro moderno sobre Tequis. Me pareció curioso encontrar información del siglo XVI en un trabajo orientado a los siglos XIX y XX; además de que es un trabajo que, aunque espléndido, tiene por objetivo contar la historia en imágenes más que en argumentaciones escritas. Quizás ese sea el motivo por el que el dato apenas quedó insinuado. Lo importante es que ahí está.

Los autores también son investigadores universitarios, pero éstos de la Universidad Autónoma de Querétaro (UAQ), y fueron comandados por la Doctora en Historia Lourdes Somohano. Así pude despejar parte de mis dudas, cuya repuesta aquí comparto.

En el libro ***Tequisquiapan, Memoria Gráfica Siglos XIX y XX***[29] (Somohano, 2015, p. 24), se relata cómo, desde 1538, cuando ya era un problema la cría de ganado en las inmediaciones de la Ciudad de México por el crecimiento poblacional, se concluyó que la solución estaba en la frontera chichimeca.

Así, se inició el reparto de estancias a los españoles más allegados al virrey (las estancias son una merced real destinada a la cría de ganado). Para 1542, la repartición llegó a Tequisquiapan, que, como vimos, ya estaba integrado en la jurisdicción reconocida como parte del reino de Nueva España; de lo contrario, ningún español de la alta burocracia habría osado meterse en líos gratuitos con los fieros chichimecas.

En cambio, se sintieron tan cómodos y seguros que no les importó soltar a sus animales para que pastaran libremente. Esto ocasionó que ese ganado estropeara las tierras de cultivo concedidas al pueblo de indios (las reparticiones de tierras de labor a los indios se realizaban justo después de los actos de fundación, por eso se hacían mediciones), y entonces dio inicio una cadena de conflictos que se agravaba cada vez que un nuevo título hacía más rico a algún influyente hidalgo español.

Los datos aportados en la introducción del libro al que me he venido refiriendo son muy puntuales, incluyen los nombres y cargos de los beneficiados, así como los linderos o referencias de ubicación de los terrenos. Los reclamos de los indios por los abusos de los ganaderos son precisamente los pleitos legales a que me referí antes, en segmento *Versión revisada*.

[13Di] Dato inútil. Ese apellido coincide con el nombre de una comunidad ejidataria de este municipio. Donde hubo una hacienda fundada por un tal conde de Santillán (dato no confirmado).

El colmo fue cuando, en 1546, llegó un homónimo del oidor de Lima, Hernando de Santillán[13Di]; el de la Nueva España era un funcionario menor enviado desde la capital para mediar las desavenencias, que se agravaron cuando él mismo terminó siendo un nuevo terrateniente. Los documentos que generó el litigio de este asunto son los que dieron a los investigadores la certeza de que para 1547, Tequisquiapan existía como pueblo de indios y, por lo tanto, ya se había refundado, medido y repartido en simientes exclusivas para la labranza por parte de los naturales.

Por si quedaran dudas, don Jesús Landaverde, entonces cronista de Tequisquiapan, en su discurso del día 24 de julio de 2019, a propósito de la conmemoración del 468 aniversario de la fundación, después de la lectura de la multicitada Cédula, dijo de manera textual: «[…] no fue realmente [así] la fundación porque ya había gente viviendo aquí en esta zona de los barrios de San Juan y de la Magdalena conocido como El Pueblo Viejo…»

Yo asistí al acto y registré en grabación esas palabras. Desde luego, la clave no son los asentamientos previos, sino que éstos tuvieran nombres castellanos antes del acto fundacional.

Hablando de claves, don Jesús, en el mismo discurso, nos da otra que explica y continúa con un dato muy interesante: «¿Por qué Pueblo Viejo? [él mismo responde] Porque aquí es donde estaban los asentamientos de la gente que vivía en este lugar… el territorio comprendido al oriente de la población [del otro lado del río San Juan], porque al poniente se asentaron los nuevos personajes españoles que llegaron a conquistar este pueblo».

¿Cómo surgió la leyenda?

¿A quién o quiénes beneficiaba la falsa narración de la fundación de un pequeño pueblo? ¿Por qué no atenerse simplemente a los hechos tal como fueron?

Cito nuevamente al cronista de la ciudad, el ingeniero Landaverde, quien nos dice que se trató de un asunto de recaudación de impuestos, aunque también se pudo tratar de un ardid de los indios del pueblo, pues las rencillas contra los estancieros españoles iban de mal en peor, al no lograr impedir que el ganado estropeara sus tierras de labor.

Quizás la fundación fue de facto, o las cédulas de fundación auténticas se perdieron, o tenían un texto tan ambiguo que no se especificaban los linderos de los terrenos para uso único de los pobladores originarios.

Como quiera, un documento avalado por el virrey en nombre del emperador, que contenía el deslinde de terrenos, hecho efectivo a manos de un conquistador poderoso e influyente, pero de origen otomí, le venía bien a un pueblo de indios atropellado por arribistas europeos.

Otra posibilidad es que fuera una prueba fabricada para ser usada en otro pleito judicial, pero este entre clérigos: el llamado «Pleito Grande», dirimido entre los «pesos pesados», Vasco de Quiroga y fray Juan de Zumárraga, por los jugosos diezmos ganaderos[16] (García Ugarte, 1999. p. 68).

Conciliación

La Historia no es una ciencia exacta, siempre está expuesta a corregirse a sí misma y, enhorabuena, eso es parte de su esencia. Eso no quiere decir que necesariamente los argumentos enmendados hayan sido en balde; al contrario, prepararon el camino para encontrar la verdad.

Es el caso que me ocupa, por lo tanto, sería ocioso querer modificar la fecha o la manera en que se celebró la fundación de Tx: estas ya se convirtieron en tradición y pasaron a formar parte de la historia. Es como si a nivel nacional se suprimiera el «Grito de Independencia» sólo porque el que instituyó la fiesta, en la forma como la celebramos los mexicanos, se convirtió a la postre en uno de nuestros antihéroes favoritos[14Di]. O como si a don Miguel Hidalgo le quitáramos la dignidad de Padre de la Patria porque en su arenga gritó: «Viva Fernando VII». O en el ámbito mundial, como si le restara méritos a Cristóbal Colón la comprobada llegada de los vikingos a América antes que el genovés.

Es probable, ¿por qué no?, que en el futuro salgan a la luz otros documentos o pruebas, producto de serias investigaciones, que maticen la historia hoy conocida. Y, si llegado el momento se comprueban errores en dichos previos, ¡enhorabuena!

¿Y después de la fundación qué?
Que los nuevos terratenientes se encarguen

Dando por válida la conclusión de los historiadores modernos, resulta por demás interesante responder puntualmente el séptimo cuestionamiento del cuadro que llamé «Suspicacia»: ¿Qué fue lo que sucedió entre los años de 1531 y 1551?

Las seis cuestiones restantes fueron resueltas —creo— o se estableció su calidad de enigma.

Esas dos décadas del siglo XVI fueron cruciales, por ello, en los párrafos que siguen mostraré, en recapitulación concentrada, la relación del estatus prevaleciente en la frontera con los acontecimientos que impactaron el proceso colonial en general.

[14Di] Dato inútil. Se dice, aunque también se ha cuestionado, que Porfirio Díaz tuvo la ocurrencia de conmemorar la Independencia de México, desde la noche previa, para festejar su cumpleaños.

Antes de este periodo, hay una serie de asentamientos indígenas, compuestos por grupos seminómadas no violentos de origen chichimeca de la etnia Pame, conviviendo pacíficamente con otomíes inmigrados de Jilotepec.

En los primeros años de la década de 1530, esos pueblos fueron refundados a la manera española gracias a la intervención de caciques castellanizados, pero siguieron siendo gobernados por indios, a quienes se les asignaron terrenos de labor agrícola.

Al mismo tiempo empezó el repartimiento, a diestra y siniestra, de terrenos «baldíos» para que ciertos españoles influyentes establecieran en ellos sus estancias ganaderas.

Cuando el ganado español empezó a dañar los sembradíos indígenas se originó un conflicto social, en que los afectados se quejaban ante una autoridad indolente.

Si el gobierno virreinal no cesaba de repartir estancias, y hacía oídos sordos a las quejas de los indios, fue porque eso le reportaba grades beneficios. Conceder «premios» a los peninsulares no era el fin, sino el medio: cuantos más españoles dispuestos a defender sus tierras se asentasen en la frontera, más difícil sería para los chichimecas salvajes hostigar al interior del territorio colonizado.

Además, la trashumancia, que es el traslado de ganado hacia otras praderas en busca de pastizales, resultó ser una estrategia extraordinariamente buena para avanzar hacia el norte, pues los rebaños abrían paso.

Pero la gran motivación del gobierno virreinal fue la posibilidad de sacudirse de esta manera buena parte de los gastos militares de la Conquista. ¿Cómo? Muy sencillo, condicionando a los nuevos terratenientes a que ellos mismos financiaran la defensa de su pingüe negocio. Así, la frontera no sería defendida con el arca del cabildo, ni la invasión estaría necesariamente a cargo de la milicia virreinal. Desde luego, Tequisquiapan formó parte de esta estratégica franja de estancias y ranchos.

Del otro lado del río

En poco más o menos medio kilómetro a la redonda, tomando como referencia el templo de Santa María Magdalena, los asentamientos humanos en el siglo XVI estuvieron reservados a familias de origen otomí y pame (otopame).

En cambio, en el poniente, del otro lado del río, otra cosa sucedía: el incipiente desarrollo de un caserío con otras características de urbanización que tendía a modelos europeos, y los vecinos, en su mayoría, procedían de otros lugares. Independientemente de que se hubiera o no fundado Tequisquiapan de manera formal en 1531, el área iba siendo ocupada por criollos, mestizos y uno que otro español, trabajadores de las estancias ganaderas, o directamente de la Hacienda Grande. Como bien dice el señor Jorge Vega en su monografía: «No se tiene una fecha exacta sobre el establecimiento como pueblo de lo que hoy es el centro histórico de Tequisquiapan»[7(p. 28)], pero se sabe que la zona fue dividida en dos barrios: San Pedro y San Nicolás, que junto con los de la Magdalena y San Juan conformaron un núcleo conurbado.

Con el tiempo, San Pedro y San Nicolás se fueron perdiendo como distintivo y hoy simplemente conforman la cabecera municipal[15Di].

[15Di] Dato inútil. En el centro ya no despacha el presidente en turno, pues en el siglo XX, por razones que veremos en su momento, el edificio del ayuntamiento fue reubicado hacia el Barrio de la Magdalena, por lo tanto, en estricto sentido la cabecera municipal es justamente la Magdalena y no lo que antaño se consideraba Tequisquiapan (el jardín Hidalgo y algunas manzanas a la redonda). Hoy todo es una sola masa urbana.

Rodrigo García Leo

Los primeros templos católicos

La edificación más icónica de todo el municipio es, sin duda, la parroquia Santa María de la Asunción. Tanto es así, que incluso, como ya vimos, se encuentra en el escudo mismo de Tequis.

El templo que hoy podemos ver se empezó a construir a partir del año de 1716 y se concluyó en 1785; el reloj se instaló bajo la supervisión del profesor Zamorano en 1897, y en 1904 y 1921 hubo sendas remodelaciones[7].

Datos como los del párrafo que precede es lo típico que se suele abordar cuando de templos se trata; y no es que esté mal, sólo que insertarlos así nomás se vuelve tan aburrido que el lector los pasa de largo, con lo cual resultan estériles. En cuanto a la arquitectura, me declaro de plano neófito, así que, con perdón de los amantes de este arte, me seguiré de largo. En cambio, trataré de desentrañar interrogantes como por qué Nuestra Señora de la Asunción es la patrona del pueblo, y no lo es Santa María de la Magdalena.

El punto exacto donde se construyó la parroquia fue al pie del cuadrante principal del moderno Tequis, pero la historia del templo no inicia ahí. Antes, a mediados del siglo XVI se estableció en la zona la Hacienda Grande. Ya especulé, y sigo convencido que es muy probable que el hacendado Antonio de Luzundía (ya por derecho propio o en representación de Jaramillo) y/o su esposa fueran devotos de esta advocación mariana. Lo lógico es que la capilla que normalmente se levanta como parte del conjunto del casco de la hacienda sea restringida para los servicios religiosos de los patrones, y que se dedique al santo o virgencita favoritos. De hecho, hoy existe en el primer patio del casco de la hacienda una construcción del siglo XIX, llamada precisamente Capilla de la Asunción.

Pero ¿y qué hay con la profesión de fe de los capataces, caporales, peones, servidumbre y demás católicos vinculados a la operación de la finca? No parece razonable que esa gente permaneciera sin templo algo así como 150 años. El señor Juan Domingo Reséndiz, Dominguito, por cierto, muy conocedor de la historia de Tequisquiapan, particularmente de la parroquia símbolo del pueblo (la que hoy se levanta frente al kiosco central), le regaló a esta investigación un dato interesantísimo:

En 1596 a un kilómetro al sur del casco de la Hacienda Grande, apenas pasando el gran manantial que Luzundía convirtió en La Pila, *believe it or not* —perdón por la grosera manera de llamar la atención, pero este es un dato a la par encantador y enigmático—, se construyó otra pequeña capilla, la cual, siendo la segunda estructura más vetusta del municipio y en un emplazamiento privilegiado para su lucimiento, hoy se usa como simple bodega.

Para quienes deseen ubicarla y admirarla, aunque sea desde afuera, les digo cómo encontrarla. Mirando de frente la fachada de lo que todos reconocemos como el Templo Parroquial Santa María de la Asunción, se le puede localizar a mano izquierda, justo donde continúa la calle Morelos Norte.

La capillita, por sus dimensiones, nunca se dio abasto; si bien tras ella poco a poco se fue extendiendo hacia el baptisterio la infraestructura parroquial, lo cierto es que la población asentada en esta parte del río continuaba con dificultades para poder rezar en espacios santos.

Hay que recordar que, a poca distancia, cruzando el caudal del río San Juan se halla el barrio de la Magdalena y que allí, a la sombra del mezquite milenario, se ofreció la primera misa como parte de los actos solemnes de la fundación, y que en ese lugar se había erigido una ermita donde, por supuesto, se veneraría a Santa María Magdalena.

¡Ah, ok!, pues entonces ahí estaba la solución; durante los años en los cuales no existían suficientes recintos religiosos en los barrios de San Pablo y San Nicolás (actual centro de Tx), los vecinos podrían acudir a esa iglesia... Pues no. La población asentada en las cercanías del templo de la Asunción estaba compuesta por españoles, criollos y mestizos en su mayoría, por lo tanto, ya eran plenamente católicos, en tanto que en el barrio de la Magdalena se seguía adoctrinando población originaria. Además, hay que recordar que había pugna entre esta y los ganaderos, estancieros y hacendados.

Pudiera ser que el problema de un Tequis sin adoratorio, desde 1531 o 1551 y hasta 1596, lo satisficiera otra construcción colonial la Santísima; templo también de dimensiones estrechas, levantado un poco más hacia el sur, que afortunadamente hoy alberga el club de Leones. Celebro el afortunado hecho de que fuera una institución laica la que ocupó el edificio porque de otra manera este, ya en ruinas abandonadas, habría terminado por ser derruido allá por los cuarenta del siglo pasado, pero los Leones lo rescataron, y hoy podemos admirarlo.

Capillas oratorio

La evangelización en la zona comprendida en parte de los estados de Querétaro y Guanajuato tuvo un rasgo particular de sincretismo religioso: las llamadas capillas oratorio.

¿Por qué Querétaro y Guanajuato? Primero porque es la zona donde más abundan como oratorios familiares aunque en algunas otras regiones también se les halla; encuentro aquí una triple amalgama cultural: otomíes, chichimecas y españoles. Los otomíes, nos dicen los antropólogos Questa y Utrilla[31] (p. 16), acostumbraban, en general, a vivir en pequeños grupos sociales, un tanto distantes unos de otros; advierten también que, en el interior o anexo a sus casas construían altares o capillas donde colocaban veladoras e imágenes religiosas. Yo, en el capítulo III (*Transculturización*) de este mismo libro, he referido la fusión cultural de la etnia otomí con la pame, pero en otras áreas queretanas y guanajuatenses, los otomíes tuvieron vínculos similares con chichimecas jonaz y guamere.

No se puede hablar con propiedad de una cosmogonía prehispánica chichimeca, pues estos pueblos estaban diseminados en una enorme extensión de terreno, y la mayoría ni siquiera sabían de la existencia de otros, pero, en general, ya lo decíamos, se puede vislumbrar la adoración a los elementos naturales, por ejemplo, al Padre Sol y la Madre Luna, así como a los ancestros. Haciendo un ejercicio de correlación, se les puede identificar con las figuras católicas: Dios Padre, la Madre de Dios y los santos.

Por otro lado, con base en los hábitos nómadas de estos pueblos, sus oratorios, de tenerlos, serían necesariamente sencillos habitáculos montados de manera provisional en sus campamentos; sus rituales religiosos eran en casa.

Así pues, los frailes evangelizadores se enfrentaron a una dificultad particular: la resistencia de los indígenas a acercarse a los, para ellos muy extraños, templos europeos. Solución: "si no quieres venir a la casa de Dios, que la casa de Dios se instale en la tuya". Es decir, aprovecharon las circunstancias culturales de otomíes y chichimecas, en las que una recién conversa célula familiar, en su propia «capilla como espacio de memoria, se vuelca al culto de los antepasados que son llevados a la altura de divinidades fundadoras»[32(p. 57)] y, a la par de un santo católico, patrono de su oratorio, es llevado el día de su fiesta en procesión a la iglesia grande del barrio.

En ciudades como San Miguel de Allende han tenido el tino de preservarlas, y ahora se ufanan con razón de contar con cientos, incluidas las capillas de indios y otras construidas como capillas privadas por los españoles y criollos adinerados.

Para circunscribirnos de nuevo en la cabecera municipal de Tequis, quiero concluir el tema comentando que, aunque han ido desapareciendo paulatinamente, existen todavía estas reminiscencias vivas de la evangelización católica combinada con vestigios de los cultos prehispánicos. Los cohetones que aún, de cuando en cuando, se escuchan, sobre todo en los barrios de la Magdalena, San Juan y Hacienda Grande, son evidencias de la tradición. Hasta hace muy poco tiempo, eran menos los días sin tronidos y borlas de humo en el cielo, que los días sin festejos religiosos.

Sirva esta sección para comentar que Tequis y el calor de su gente han acogido a lo largo de centurias a un gran número de personas nacidas en diferentes partes del país, e incluso del mundo; las más, habituadas a la caótica vida de las grandes urbes. No soy sociólogo, pero me da la impresión de que el imán es la tranquilidad y el sello romántico de vivir en un lugar colmado de tradiciones campiranas. Los que llegamos sí queremos que se mantenga eso que nos atrajo, somos los que nos debemos adaptar a todas esas costumbres.

La fiebre del oro, "primera bonanza"

Para 1546 empieza la fiebre del oro, aunque en este caso más bien de la plata, pues se descubren al norte varios yacimientos de ese metal precioso. Ahora, todas las baterías apuntaban más allá de la frontera. Se podría pensar que Tequisquiapan quedó un tanto al margen de la bonanza, ya que no se encuentra a la vera del trazo directo a Zacatecas. Sin embargo, no es así: su posición geográfica fue ventajosa.

Está lo bastante lejos para no sufrir las molestias del tránsito de recuas, mulas, caballos y ganado de comerciantes, milicias, migrantes y bandoleros, pero lo convenientemente cerca para aprovecharse del crecimiento económico implícito; parte de la demanda inusitada de esos usuarios (baño, comida y tal vez posada) podía ser abastecida por los tequisquiapenses.

Válgame complementar este punto en el próximo capítulo, donde dedico un espacio al tema del fundamental y poco conocido Camino Real de Tierra Adentro.

La noticia al paso de que un vergel de aguas termales a tan solo una jornada podría aliviar dolencias o al menos servir de solaz y restauración atraía a algunos viajeros durante la colonia.

Como siempre sucede, los bienes vienen acompañados de males; la Jauja minera desató, hacia 1550, la Guerra Chichimeca, una serie de conflictos violentos entre etnias nómadas y sus alianzas contra novohispanos. En los pueblos de los valles centrales queretanos, las incursiones indias causaron terror.

Más allá de Tequisquiapan, es decir, hacia el noreste, está la Sierra Gorda, ocupada por las tribus chichimecas que más se resistieron al cambio. Se puede decir que ese fue el último reducto de los indios rebeldes, hasta ya bien entrado el siglo XVIII, pero específicamente el tema de la Sierra Gorda es otra historia.

Regresando al curso natural del Camino Real de Tierra Adentro, si bien las estancias pudieron coadyuvar a contener embestidas chichimecas, se crearon las condiciones para que la comunidad originaria, compuesta por los tolerantes otopames, ante la nula atención del virrey, pusiera un alto por sí misma al abuso de los estancieros, asociándose furtivamente con sus paisanos más violentos.

Esto último es mera deducción, pero ciertamente los colonos españoles demandaron al virrey mano dura, o de plano la guerra hasta el exterminio, cosa que no sucedió por la política "humanitaria" de la Corona española desde los reyes católicos y confirmado por Carlos V y por Felipe II.

La Guerra Chichimeca se prolongaría por cincuenta años. Así pues, aunque todo apuntaba a que Tequisquiapan fuera zona de transición tersa, distó de serlo. Sin embargo, con guerra y todo, la riqueza generada por las vetas de oro y plata continuó fluyendo por el Camino Real de Tierra Adentro, y permeaba crecimiento económico en las poblaciones a su paso.

La Pila y el Piojo

Lo que hoy conocemos como el parque La Pila fue el escenario, descrito en el capítulo II, donde me referí al encuentro entre la etnia nómada de los pames y los otomíes inmigrados de Jilotepec. Reitero el tema en esta sección porque es el perfecto resumen de las colaboraciones humanas que impulsaron la economía tequisquiapense en tiempos virreinales.

En torno a los dos grandes ojos de agua, los españoles que arribaron en el siglo XVI abocardaron el suelo para contener el líquido, es decir, construyeron piletas y canales para distribuir agua, todo un sistema controlado de riego y abrevaderos. Don Jesús Landaverde nos dice concretamente que fue el señor Antonio de Luzundia el constructor (Landaverde, 1996, p. 51).

Imagino —y aclaro que lo asiento aquí como mera acotación— que, los domingos de primavera y verano, los peones y sus familias usaban el oasis convertido en el primer balneario con alberca rectangular para refrescarse y distraerse; también que se acercaban vecinos del pueblo que no tuvieran relación directa con la empresa agropecuaria o incluso usuarios del ya mencionado Camino Real de Tierra Adentro. Todo ello ante la anuencia explícita o no del hacendado en turno, pues ello no afectaría en absoluto la productividad del negocio.

Entre semana, las mujeres usaban como lavaderos las lajas de cantera que conducían el agua excedente de las pilas. Los chorros corrían copiosamente por la orilla de una vereda que, dado el preponderante uso higiénico de la vía, incluida la revisión del cuero cabelludo de sus chamacos, de manera popular se le llamó el callejón del Piojo.

Siguiéndole la pista al Régimen de Propiedad de la Hacienda Grande

La plusvalía de las tierras por donde pasaba el camino de la plata provocó constantes cambios de tenencia. Sin escalar en detalles áridos, vale la pena seguirle la pista al Régimen de Propiedad para ir anotando lo ocurrido en Tx y sus cercanías.

Mencioné antes que las estancias ganaderas se otorgaron a influyentes funcionarios, pues bien, algunos de ellos fueron: el tesorero virreinal, Juan Alonso de Sosa; el secretario de la audiencia, Antonio de Turcios; el regidor de la Ciudad de México, Ruy González[29]. Mayor tráfico de influencias, imposible.

Esas estancias colindaban con las tierras de cultivo de los pueblos de indios y los vastos territorios de la encomienda de Jilotepec[22]. Seguramente se instalaron sobre terrenos que se consideraban, con o sin razón, baldíos por no haberse relacionado como parte de la gran encomienda.

Por cierto, resulta que Jaramillo[33], que se había casado ni más ni menos que con doña Marina, la Malinche, en su breve matrimonio concibió a una niña mestiza, a quien bautizaron con el nombre de María. Tras enviudar (no hay certeza de la fecha y causas de la muerte de Marina), Juan se volvió a casar, esta vez con una prominente española de nombre Beatriz de Andrada y Cervantes, quien no le dio hijos.

Cuando el conquistador Jaramillo murió, la encomienda se dividió en dos partes: una pasó a ser propiedad de su viuda Beatriz, quien se casó en segundas nupcias con Francisco de Velasco (hermano del virrey Luis de Velasco); este segmento se convirtió en el mayorazgo de la Llave. La otra parte de lo que fuera la encomienda quedó en poder de María, quien a su vez la heredó a su hijo Pedro de Quezada.

Jalando el hilo catastral, Ubaldo Neftalí Sáenz Bárcenas, actual cronista sanjuanense, menciona en el libro *Haciendas de San Juan del Río*[34] algunos nombres de los terratenientes que figuraron, ya por heredad, ya por compraventa, como dueños del predio: Lope de Sosa (1592), Gabriel de Ardila (1713) y Felipe Antonio Teruel (1781).

Inserto aquí un brevísimo resumen de prosapia sólo para llegar a un personaje trascendente en la historia de Tequis.

Felipe Antonio Teruel Villa fue un criollo prominente del siglo XVIII. Era ni más ni menos, que el presidente del cabildo de la Ciudad de México en la época en que las reformas borbónicas amenazaban los privilegios de los de su casta (los de sangre europea, pero nacidos en tierras americanas). Este funcionario público, que tenía la calidad de regidor perpetuo, nació en 1723, se casó en segundas nupcias con Isabel Nava Montalvo; ambos concibieron once hijos, la menor de los cuales, María Petra, se casó con Antonio Velasco de la Torre Ilustra. Ellos fueron los padres de Guadalupe Velasco de la Torre, propietaria por herencia de varias haciendas, unas chicas, otras medianas y una grande. De doña Guadalupe se dice que era tan generosa que regalaba pequeños predios para su vivienda a sus peones[25] (pág. 48). Algunas de esas casas hoy forman parte de la urbanidad del pueblo. Es inevitable mencionar que la señora Velasco de la Torre Teruel, además, era descendiente, por parte de su padre, del segundo virrey de Nueva España, don Luis de Velasco.

Puesto que la intención de esta parte es la cuestión inmobiliaria, dejo para otra sección el linaje de doña Guadalupe. Lo retomaré más adelante porque esa estirpe sigue brillando en Tequis hasta nuestros días.

A lo largo de los siglos, las acciones entretejidas de hacendados, funcionarios, capataces, peones y visitantes, con toda certeza, fraguaron decenas de historias interesantes en las demarcaciones de La Asunción. Para terminar, cito el libro *Haciendas de San Juan del Río*:

Para fines de diciembre del año 1793, en un compendio histórico hecho por don Pedro Martínez de Salazar y Pacheco, subdelegado del Distrito de San Juan del Río, enviado al Conde de Revilla Gigedo, virrey de la Nueva España, asienta que había 37 haciendas y 17 ranchos independientes repartidos en los tres partidos: la cabecera San Juan del Río, y sus pueblos sujetos, Tequisquiapan y Amealco.

Del siglo XVII al XVIII, en San Juan del Río muchas propiedades cambiaron de dueño. El cambio de posesiones ocurría por varias razones, desde el cobro de una deuda atrasada hasta la compra directa de ranchos, haciendas, casas, solares, tierras de labor y pedazos. Esto favoreció el monopolio de bienes en pocos dueños[34(sic)].

CAPÍTULO V
ESTAMPAS COLONIALES

El contenido de este capítulo podría parecer de relleno, pues no sólo desobedece la cronología que va marcando el libro, sino que también inserta disímbolos personajes e ilustraciones curiosas. Y es que la Colonia es un largo periodo de tiempo, durante el cual un montón de hechos significativos han sido vilipendiados y casi ignorados, sin importar que es el lapso cuando se cocinó a fuego lento el México de hoy y nuestro ser mexicanos.

Más allá de valoraciones —claro que hubo injusticias—, su impacto en nuestra idiosincrasia es incuestionable. En Tequisquiapan también sucedieron cosas durante esos 300 años de nuestra historia nacional.

Los caciques otomíes

Cuando uno viaja por la carretera México - Querétaro, poco antes de llegar a la capital del estado, es difícil dejar de percatarse de un gran monumento que se levantó en 1985. He pasado a su lado innumerables ocasiones, sin embargo, no fue sino hasta hace relativamente poco tiempo que me pregunté quién es el personaje homenajeado.

El punto es que existen miles de protagonistas históricos que junto con sus actos se quedaron atrapados en las localidades, a veces hasta perderse a pesar de que la trascendencia de sus acciones haya impactado el devenir de la nación entera.

Para efectos de la historia de la región, quiero destacar tres personajes de esa categoría: los tres caciques otomíes que actuaron como colaboracionistas indígenas castellanizados. Uno de ellos es el indio representado en la enorme estatua de la carretera: Conín.

La eterna controversia sobre la calidad moral de estos personajes —héroes o villanos— es muy interesante, pero rebasa los objetivos del libro. Sin embargo, nos guste o no, estemos a favor o en contra, es un hecho del pasado y, con o sin razón, jugaron el mismo rol que la Malinche[16Di], los tlaxcaltecas y varios pueblos oprimidos por los mexicas; sin sus actos, México, para bien o para mal, no sería lo que es.

Mexici[14]

Mencioné anteriormente que el arribo de los españoles al Valle del Anáhuac inquietó, no sin razón, a algunos habitantes de la tranquila provincia de Xilotepetl, que al ver de lo que eran capaces los invasores optaron por alejarse de la tierra que los vio nacer.

[16Di] Dato inútil. La Malinche, al igual que Conín, cuenta hasta donde yo sé con una sola representación monumental de su figura; sin embargo, a diferencia del cacique otomí, doña Marina no está homenajeada por la contribución de sus actos a la conquista, sino por la contribución de sus genes. En efecto, su presencia forma parte de un conjunto que exalta el mestizaje. Así, ella junto a Henan Cortés y el hijo de ambos, Martin, encontraron discretamente albergue en el parque Xicoténcatl de la alcaldía Coyoacán en CDMX.

Bonus. - El rostro del conquistador es el del actor German Robles, nada más le faltan los colmillos draculescos.

El líder de uno de esos grupos migrantes fue Mexici. Antes de ser cacique Otomí se dedicaba al comercio, por lo que conocía perfectamente a los chichimecas, y la vecindad con ellos no era algo que le quitara el sueño; por otro lado, en el mercado de Tlatelolco vendía sus productos «marca Pame». Su nombre hacía referencia a su integración a la cultura mexica, pues Mexici en náhuatl significa 'el mexicano'. Sin embargo, en un momento de su vida se vio sujeto a una disyuntiva y optó por asimilar la religión católica; fue bautizado con el nombre de Juan.

Las familias que se desplazaron con él decidieron establecerse en un valle verdeado por influencia del gran río. Llamaron a ese lugar Iztacchichimecapam, que significa 'chichimecas blancos'.

Conín[54]

Poco después, los españoles tomaron posesión de Jilotepec, la capital otomí, ya convertida en parte de la encomienda. Juan Jaramillo, el encomendero al parecer durante los primeros años, concentró sus esfuerzos en la pequeña ciudad. Eso dio pie a que más otomíes decidieran migrar al norte para evitar la no solicitada "protección", lo cual equivalía, para fines prácticos, a ser esclavizados.

Hubo, sin embargo, acercamientos de los españoles con los principales, es decir, con las familias nobles cuyos patriarcas ostentaban alguna suerte de cacicazgo, o con los comerciantes exitosos, que eran gente bien relacionada, rica, osada, políglota y astuta, además de que contaban con un pequeño ejército de tamemes, corresponsales y otros colaboradores dispuestos a seguirlos al fin del mundo.

Ellos, de inmediato, percibieron que sus privilegios prehispánicos no solo podrían mantenerse, sino incluso agrandarse si se aliaban a los intereses españoles. El precio era asequible, sólo tenían que renunciar a su paganismo, asimilar la cultura europea y jugar del otro lado de la cancha. Asimismo, vale la pena recordar que los otomíes eran tributarios de los mexicas, y ahora éstos eran aliados de los españoles; de no manejar su estatus con una visión pragmática, les podría resultar muy adverso.

El más famoso —y por famoso es que lo traigo a colación en esta historia— fue Conín[35], comerciante natural de Nopala, que condujo a su grupo a Tlachco (Querétaro) y fue pieza clave para la incursión española al norte; influyó y participó en innumerables fundaciones de pueblos. Su nombre, una vez bautizado, fue Fernando de Tapia. No dudo que pudo estar presente en la mismísima fundación de Tequisquiapan.

Nicolás de San Luis Montañez[15]

Allá por 1531 se acercó a Iztacchichimecapam, acompañado de la Malinche —se dice sin pruebas—, un conquistador al frente de su ejército. También políglota, con experiencia política, sus credenciales militares eran inmejorables; incluso llegó a ser nombrado caballero de la Orden de Santiago (de alguna manera equivalente español de los Templarios). El nombramiento de capitán general le fue concedido directamente por el virrey de la Nueva España y su misión era en nombre del emperador Carlos V. Por si fuera poco, llevaba en sus venas sangre noble. Su nombre prehispánico se desconoce; el de bautizo era Nicolás de San Luis Montañez[36], indio otomí y cacique de Jilotepec.

A diferencia de Conín y Mexici, que se presentaron ante sus paisanos vestidos con atuendo autóctono, por razones estratégicas, Nicolás debía causar un gran impacto vistiendo a la usanza europea.

Casi todo lo que se sabe de este personaje es por su propia pluma, su currículum —por decirlo así— está contenido en su relación de méritos[17Di]. Ahí, Montañez afirma que es descendiente de los reyes de Tula y primo de Moctezuma.

Evidentemente, hablaba, leía y escribía castellano, profesaba la fe católica y su vestimenta cotidiana era al más puro estilo renacentista. Habría conseguido dispensa virreinal para cabalgar con montura (los indios lo tenían prohibido), pues hacía gala de su habilidad ecuestre. Su corcel era una hermosa yegua blanca llamada La Valona.

Montañez, al igual que sus colegas Conín y Mexici, además de noble, fue pochteca (mercader). Por ello, su primer encuentro con españoles fue en Tlaxcala, antes de la conquista de Tenochtitlan.

Lo importante es que la misión de este extraño conquistador consistía en pacificar un territorio pacífico; recordemos que poco antes un grupo de otomíes liderados por Mexici habían inmigrado a la zona y vivían tranquilamente.

Mexici, en plan conciliador, aceptó sujetarse a las reglas que se les imponían. De acuerdo con el cronista emérito de San Juan del Río, José G. Velázquez Quintanar, el mismísimo Conín estuvo presente en la fundación de esta ciudad. Don José recrea maravillosamente el «encuentro[14]». en su libro «San Juan del Río, Síntesis de la Historia». Con su generosa anuencia, reproduzco un fragmento:

> *Por entre la barranca llegaron grupos de indígenas, del peñasco de enfrente (Cerro de la Cruz) numeroso contingente*

[17Di] Dato Inútil. Las Relaciones de Méritos eran documentos a través de los cuales los conquistadores solicitaban prebendas reales. Por supuesto, en más de las veces, como se dice coloquialmente, «le echaban mucha crema a sus tacos».

acompañaba a Mexici, cacique del lugar. Otro nutrido grupo estaba presente acompañando a Conín; también había grupos llegados Acámbaro, Amealco, San Ildefonso, La Estancia, Tequisquiapan, Huimilpan (nombres actuales) etc., atraídos por la novedosa visita del ejército colonizador.

Cabe recordar que en aquel tiempo el territorio de San Juan del Río abarcaba la región de las pozas termales, de tal manera que los habitantes (pames y otomíes) eran, por extensión, sanjuanenses; de ahí la obligada referencia de la fundación del hoy vecino municipio del sur.

El Camino Real de Tierra Adentro

Parecería que el asunto es muy ajeno al propósito fundamental de este libro, sin embargo, aunque es prerrogativa del lector pasar al siguiente punto, agradezco el beneficio de la duda.

Con esta ruta colonial Tequis tiene varias vinculaciones, pero son dos las que me interesa destacar; una ya la vimos y este subtema juega como complemento del punto que llamé, en el capítulo IV, *La fiebre del oro, primera bonanza*; la otra es cierta construcción del siglo XVI por la que el pueblo quedó inmerso en este Patrimonio Cultural de la Humanidad, sin el cual, de plano la Conquista española nunca hubiera tenido la relevancia histórica que alcanzó a nivel universal —y no exagero—.

El Camino Real de Tierra Adentro es una de las columnas que soportaron la expansión de Nueva España, fue la herramienta desarrollada por los conquistadores para ser la vía principal de penetración hacia el norte.

La empresa implicaba ir convirtiendo sendas y veredas en vías empedradas por las que transitarían soldados de compañías de presidios, incluidos sus pertrechos y piezas de artillería.

Otros usuarios serían frailes evangelizadores, encomenderos, funcionarios, peones, esclavos, arrieros y, en general, los colonos de las nuevas villas, pero también las caravanas de colonizadores en migración tanto europeos como criollos, mestizos y hasta indios cristianizados.

Con cada nuevo pueblo fundado o refundado, la necesidad de bienes y servicios se acrecentaba, de manera que los mercaderes requerían facilidades de infraestructura.

El punto de partida fue la plaza de santo Domingo de la Ciudad de México. Allí se encontraba la aduana, por lo tanto, es ahí donde confluía y se dispersaba la riqueza novohispana. A grandes rasgos, el trazo del primer tramo avanzó sin incidentes conectando Tenayuca, Cuautitlán, Tepotzotlán, Tepeji, Jilotepec, Aculco, Polotitlán, San Juan del Río y Querétaro (nótese que tiene más o menos el trazo de la autopista México-Querétaro).

A partir de la región queretana se incursionaría hacia tierras chichimecas. El único pequeño inconveniente en esa zona era el cuello de botella originado por el entonces caudaloso río San Juan, cuyo cruce era imposible en época de lluvias.

Ya circulando en Aridoamérica, cada nuevo asentamiento se convertía sucesivamente en punto fronterizo de Nueva España, porque no se sabía si hasta ahí llegaría la incursión o si habría motivos para seguir adelante. Cuando los exploradores confirmaban hallazgos que prometían beneficios económicos, el camino se adentraba en nuevos territorios, casi siempre hacia el norte.

Por supuesto, cualquier indicio incitaba a seguir adelante; Cíbola, la ciudad de oro y turquesas, estaba en tierras septentrionales según los dichos de algunos exploradores españoles. Los rumores coincidían con las versiones aztecas que aseguraban que su oro provenía del norte.

Un día, llegó la noticia: extraordinarios yacimientos de plata se encontraban a unas cuantas jornadas. Que la riqueza proviniera de faustas ciudades o de minas fabulosas era lo de menos. El Camino Real por lo pronto penetró tierra adentro hasta las minas de San Luis, Guanajuato y Zacatecas, con un incremento notable en el tráfico: ahora se sumaban toneladas de metales preciosos e infinidad de insumos para su extracción, como herramientas, madera, cestos, pieles, mercurio, sogas de henequén, ganado en pie para transporte y arrastre, forraje... la lista podría extenderse por varias páginas.

Evidentemente, la cantidad de personas involucradas en una empresa de tal magnitud creció de manera exponencial; se requirió mano de obra, vigilancia, prestadores de servicios, capataces, agricultores y comerciantes. ¡Claro!, aventureros y bandoleros, aunque indeseables, también se agregaron al universo de consumidores de mercancía que por algún lado debía transitar; la gran arteria de la economía novohispana se consolidó.

A lo largo de su paulatina penetración, se fue construyendo la red de la división política del México de hoy: prácticamente todas las ciudades del actual norte mexicano nacen o se recomponen al paso del también llamado Camino de la Plata y sus ramales.

En 2010, la UNESCO declaró al Camino Real de Tierra Adentro como Patrimonio Cultural de la Humanidad, junto con sesenta sitios adscritos a lo largo de 2 900 km.

Cabe mencionar que varias edificaciones quedaron excluidas del reconocimiento, no obstante haber tenido mayor impacto que otras que sí lo están; tal es el caso de la única construcción más antigua que la capillita primigenia del primer cuadro de la cabecera municipal. Como entiendo que debe haber cientos de destructores y defensores de vestigios a lo largo de miles de kilómetros[18Di], dejo al lector su opinión al conocer la historia del Puente de fray Sebastián de Aparicio.

[18Di] Dato inútil. "Googlear" artículos que aseguran que nuestro camino no es tan nuestro porque llega hasta Nueva York.

Dado que, por su ubicación, Tequisquiapan no era paso obligado hacia la enorme fuente de riquezas que representaban las minas, se podría pensar que quedaba al margen de la febril bonanza, pero no fue así.

El puente olvidado

La construcción en pie de su tipo más antigua del estado de Querétaro[37] está dentro del territorio tequisquiapense. Se trata de un pequeño puente que protagoniza uno de esos episodios del pasado injustamente poco valorados.

Hoy parece estar localizado en medio de nada; se ubica entre sembradíos y matorrales. Cualquiera diría que su constructor habría perdido la razón, y es que bajo su único arco no pasa nada, ni un barranco ni un río. Su vista produce incertidumbre, algo así como los puentes peatonales ignorados por los peatones. Está tan escondido que, cuando menos hasta el momento de escribir estas líneas, sus muros no saben lo que es un *grafitti*.

Sin embargo, su construcción fue algo de lo más loable en su época: se utilizó por la friolera de ciento cincuenta años en tremendas condiciones de rudeza y luego quedó expuesto a la intemperie y a las inclemencias del tiempo por más de tres siglos, tiempo durante el cual ha estado abandonado y ahí sigue... «Ahí está como la Puerta de Alcalá»[19Di], nomás que con el doble de años y sin mantenimiento alguno.

Pero si a lo vetusto y a la entereza con que se mantiene en pie le agregamos los componentes de trascendencia cultural e importancia histórica, la construcción es un motivo de orgullo. Me explico: esa ruina es la razón y la prueba, al mismo tiempo, por la que se puede aseverar que por Tequisquiapan pasó el Camino Real de Tierra Adentro.

Las crecidas del río San Juan ocasionaban inconvenientes por el colapso del tráfico en el camino, pero, a raíz del descubrimiento y posterior explotación de las minas, el tránsito se quintuplicó y como la tecnología de entonces no daba para construir un sólido puente de piedra sobre aguas turbulentas, la tardanza para cruzar se volvió un gran problema[14]. ¡Claro! No sería nada difícil que viajeros varados hubieran caído en la tentación de las famosas aguas termales de Tx.

La solución al «cuello de botella» provino de la «iniciativa privada». Fue un hombre cuyos intereses se veían seriamente afectados; el «zar» de los transportes de la época. Este empresario en 1561, usando una elemental lógica, simplemente siguió el cauce del río rumbo al pueblo de indios Santa María de la Asunción (Tequisquiapan), hasta dar con el punto más angosto. Ahí, justamente, fue donde se pudo construir el pequeño puente.

La desviación sólo alargó el camino unos quince kilómetros y el magnate del transporte colonial se hizo más rico. Créase o no, el protagonista de este episodio fue el beato fray Sebastián de Aparicio, Sí, ese cuyo cadáver permanece incorruptible y se

---

[19Di] Dato inútil. Canción española de gran éxito en 1986.

exhibe en el templo de San Francisco, en la capital poblana. Pequeño detalle: la construcción que dio pie a este segmento se conoce hoy como Puente fray Sebastián de Aparicio.

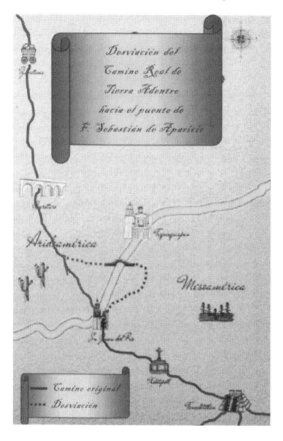

Hubo de transcurrir siglo y medio para que se construyera el puente que evitó la desviación. Esta obra en la actualidad es el orgulloso ícono de San Juan del Río, me refiero al llamado Puente de la Historia.

A diferencia de la cueva de San Nicolás y los sitios arqueológicos de La Trinidad y Los Cerritos, el puente de fray Sebastián de Aparicio es perfectamente identificable para los turistas interesados, pero, por desgracia —o por fortuna, según se juzgue—, su ubicación lo hace quedar fuera de recorridos turísticos rentables.

El arqueólogo Juan Carlos Saint-Charles me compartió su esperanza de que algún día se pudiera llevar a cabo un viejo anhelo que contempla un parque ecocultural, donde se pudieran reunir la cueva de San Nicolás, el sitio arqueológico de La Trinidad y el puente de fray Sebastián de Aparicio con muestras botánicas de Aridoamérica y Mesoamérica. Me uno al anhelo. Yo agregaría las minas de ópalo de La Trinidad que, sin tener interés histórico ni ecológico, al estar en la zona, redondearían el paseo. Reunir en una relativamente pequeña área vestigios prehistóricos, prehispánicos, coloniales, encantos botánicos y geológicos sería maravilloso.

Fray Sebastián de Aparicio

Este extraordinario gallego que, por cierto, lleva siglos esperando ser reconocido como santo, a pesar de los más de novecientos milagros documentados en su haber, fue el más poderoso empresario de los transportes de su época, y el hombre que dio el impulso definitivo al Camino Real de Tierra Adentro.

Sebastián de Aparicio Prado nació en Galicia, España. Muy joven se embarcó hacia las Indias en busca de fortuna y se asentó en Puebla. Ahí, se percató de la presencia en los terrenos baldíos de ganado sin dueño. Eso sucedía porque, al no haber cercas que delimitaran las estancias ganaderas, parte de los animales se dispersaba y reproducía libremente. Como de niño había sido pastor de un rebaño de su padre, usó sus conocimientos y habilidades para atrapar y domar ganado caballar y vacuno[38].

En poco tiempo logró amasar una pequeña fortuna. Para entonces, el ojo de emprendedor visionario volvió a funcionar, esta vez al enterarse de que por el Camino Real de Tierra Adentro se habían descubierto grandes yacimientos de metales preciosos en las tierras penetradas del norte.

La obviedad reservada para mentes preclaras, no esa que a toro pasado se vuelve evidente y nos hace pensar: «Pero ¿cómo no se me ocurrió a mí», llevó a Aparicio a planear y llevar a cabo la primera producción organizada en América de un invento que, en Europa y Asia, fue factor indudable de civilización: la carreta.

O sea, sustituyó a las espaldas de los tamemes y el lomo de las mulas por carretas, y empleó a los cargadores como arrieros y a los equinos como bestias de arrastre. La capacidad de transportación creció en volumen y velocidad.

Aunque varios autores le atribuyen haber sido el primero que en este continente le puso ruedas a una tabla, lo más seguro es que otros lo hicieran antes. Es indudable, sin embargo, que, al igual que Henry Ford no inventó el automóvil, Sebastián sí fue el primero en eficientar la producción de carromatos para su venta a mayor escala, pero además él mismo utilizó sus carretas en el negocio de la transportación.

El hoy beato hizo innumerables veces el recorrido México-Zacatecas y se dice que los chichimecas nunca lo asaltaron. Quizás porque, a diferencia de la mayoría de los usuarios del Camino Real de Tierra Adentro, las caravanas de Aparicio, aunque avanzaban cuidándose de los ataques de los fieros nómadas, no llevaban trabucos cargados y arrieros dispuestos a abrir fuego a la menor sospecha. Al contrario, como buen empresario convirtió la amenaza en oportunidad y promovió el intercambio de productos en beneficio de todos. Más de una vez evitó que los guardias del tesoro y los hombres de otros transportistas ultrajaran, lastimaran e incluso asesinaran a la población originaria.

Ya convertido en magnate, este indiscutible gran personaje de la Colonia sintió el llamado divino: regresó a Puebla, se despojó de todos sus bienes, se volvió fraile franciscano mendicante e instituyó la costumbre de bendecir los carros; murió en 1600 a los 98 años.

Quise incluir esta breve reseña en homenaje a un hombre, como tantos otros que, sin haber nacido en estas tierras, dejó huella en Tequisquiapan.

La Sierra Gorda y sus misiones

Al igual que el tema del Camino Real de Tierra Adentro, las misiones de la Sierra Gorda se antojan como inserciones ociosas en un texto dedicado a un pueblo relativamente distante de esas construcciones coloniales, no obstante, por el simple hecho de que Tequis es el punto de partida del camino hacia ellas, se ganan, así sea de manera breve, una mención pertinente. Y de paso una invitación al turista para conocerlas.

Mientras la Guerra Chichimeca seguía el curso del camino real, algunos de los pames que por fin se habían asentado en las inmediaciones de lo que hoy es Tequis conviviendo con otomíes y, toda vez que como he reiterado, por excepción, eran una tribu pacífica, evitaron el enfrentamiento internándose en la sierra; su persecución hubiera podido terminar en una muy pronta emboscada, pero al no suceder esto, los novohispanos penetraron sin más dificultad que el escarpado terreno.

Durante más de un siglo, los métodos violentos no surtieron efecto. Los pames no hacían frente a los invasores, pero tampoco se integraban al estilo de vida europeo; la estrategia debía de ser modificada y las misiones fueron la solución.

La misión es una fórmula medieval de la iglesia católica a través de la cual se siembra un pequeño grupo de católicos donde no son bienvenidos, con la intención de hacer proselitismo para difusión evangélica. No son conventos o monasterios, el propósito es completamente pragmático, también son habitados por religiosos, pero cuentan con albergues temporales para población en desgracia, enfermerías, talleres, silos, quizás algún molino, aulas para catecismo y enseñanza de artes y oficios; huertos, jardines y desde luego oratorios. En fin, todo aquello que propiciara el estrechamiento cultural y adoctrinamiento.

Otros personajes de trascendencia
La Malinche

Ya por agradecimiento, ya por amor, ya por quitársela de encima, Cortés le regaló un vasto territorio a su intérprete, o por lo menos eso pareció. El caso es que oficialmente lo que ocurrió fue que, de la noche a la mañana, Malintzin se casó con el capitán Juan Jaramillo.

Una suspicacia se fragua en torno al hecho de que, por extensión de vínculo matrimonial, la Malinche se volvió terrateniente. Francisco López de Gómara escribió: «Cortés casó a Malintzin con Juan Jaramillo estando borracho»[39]. O sea, convenientemente fue en una noche de copas lo que dio lugar a la sorpresiva boda.

¿Quién se benefició más? ¿Cortés, al hacer a un lado a la madre de su primogénito?, ¿la Malinche, al convertirse en la mujer más rica de Nueva España?, o ¿Juan Jaramillo, que, por un precepto regulador de las encomiendas, de permanecer soltero perdería sus riquezas?

Según las Ordenanzas de Buen Gobierno expedidas por el propio Cortés, cito textual:

DICIOCHOAVA: *por cuanto en esta tierra hay muchas personas que tienen indios de encomienda y no son casados y que conviene para la salud de sus conciencias y de la población, mando que tales personas se casen, traigan a sus mujeres a esta tierra en el lapso de un año y medio*[40(sic)].

Es improbable que la injustamente etiquetada antiheroína mexicana haya llegado hasta los confines de su propiedad, pero nada extrañaría que, después de ver los baños de Moctezuma, y habida cuenta de la fama de los manantiales de aguas termales de la zona, hubiera disfrutado de los placeres de La Pila en los últimos años de su vida. No se tienen registros de su muerte, lo que ha llevado a varias versiones, incluso contradictorias, pero hay testigos de que ella estuvo presente en la fundación de San Juan del Río en 1531[14], pueblo al que en aquel entonces pertenecía Tx.

Guadalupe Victoria

Cuenta la leyenda —y lo es porque no hay pruebas que lo avalen o lo desmientan— que el primer presidente mexicano vivió en estos rumbos. En esa línea, combino aquí la tradición oral con datos comprobados[41]. O expuesto de otra manera, el dicho de los vecinos como base de una bonita ficción documentada; así que, como puede ser que sí, puede ser que no.

Sin mencionar en específico a Tequisquiapan, admite uno de sus pocos biógrafos que 1806 es el año en que el prócer pudo haber rondado por varios pueblos del Bajío[42], (Victoria, 2017, p. 231). Por el otro lado, crónicas locales, de viva voz y escritas, concuerdan en tiempo y circunstancias[43] (Crispín, 2001, p. 22).

Bueno, entrando ya en la narración, se dice que José Miguel Ramón Adaucto fue empleado en la Hacienda La Asunción. Con un excelente desempeño desde el primer día, producto de experiencia previa bien aplicada, su dedicación y agudeza mental, aunados a una evidente cultura humanística y no malos bigotes, despertó la curiosidad de doña Guadalupe Velasco, la patrona con quien departía algunas tardes bebiendo una taza de té o chocolate.

La insigne señora lo apreció más cuando se enteró de su historia: poco después de que el muchacho quedara huérfano, intentó estudiar para abogado, pero fue rechazado de la universidad al no poder acreditar su linaje español; por si fuera poco, su tío lo despojó de la herencia que le correspondía. La serie de desventuras lo llevaron a ganarse la vida como asalariado.

Un día, la señora lo mandó llamar para decirle que, muy a su pesar, él ya no podría seguir trabajando en la Hacienda Grande. Sorprendido, José Miguel inquirió a la patrona: "Mi señora, respetaré sin reclamo su voluntad, pero ¿acaso podré saber las razones?"

—Pues, porque las clases en el colegio de San Ildefonso inician en agosto (1807) y usted está admitido como estudiante canonista.

—Disculpe que la contradiga, doña Guadalupe, pero, como ya le dije, la universidad me rechazó por no poder demostrar mi limpieza de sangre.

—Ese asunto se destrabó. Mi amigo Juan Francisco, el marqués de Castañiza, quién acaba de ser nombrado rector, fue quien me lo notificó. ¡Así que apúrese, no le vayan a cerrar la puerta!

No es impensable que, años después, el ya bachiller José Miguel Fernández Féliz[20Di] cambiara su nombre para honrar a la morenita del Tepeyac, pero también a su benefactora, doña Guadalupe Velasco, pues intuyo, que ella, además haber estado detrás de la diligencia del linaje, fue quién financió su colegiatura.

Hay registros de la institución donde se asientan pagos hechos por su padre, Manuel Fernández, sólo que hay un pequeño detalle: el héroe de la Patria era huérfano desde niño. Por lo tanto, fue un bienhechor, o "bienhechora", quien sufragó sus estudios universitarios.

Nota: comparto documentos transcritos (y por lo tanto reproducidos tal como los originales) en la exhaustiva recopilación realizada por el señor Carlos Herrejón Pedrero sobre la vida de Guadalupe Victoria[41].

José Francisco Gandarilla certifica los estudios de retórica y filosofía de José Miguel Fernández y Féliz. 1805, agosto 24, Durango (p. 115).

Testimonios de legitimidad y limpieza de sangre de José Miguel Fernández Féliz. 1806, abril 9, Tamazula (p. 117).

Registro de la inscripción de José Miguel Fernández y Féliz en Primero de Cánones de la Universidad. 1807, agosto 31, México (p. 131).

Registros de pago de colegiaturas de Miguel Fernández Feliz en el Colegio de San Ildefonso. 1808, febrero 19, México (p. 361).

[20Di] Dato inútil. De acuerdo con documentos oficiales, el segundo apellido es Féliz y no Félix.

Tradiciones importadas

Nótese que en estos temas de nuevo salen a relucir dos conceptos: el de las mercedes reales y el de la frontera natural y cultural; las estampas coloniales que propongo a continuación coinciden en que la productividad de la tierra en manos españolas, naturalmente, se orienta a costumbres y gustos europeos y, desde luego, la transición climática que supone los linderos de Mesoamérica con Aridoamérica influye en el comportamiento y desarrollo de las usanzas adquiridas.

El vino

Este segmento pretende demostrar cómo es que la zona donde se encuentra Tequisquiapan es la puerta de la ruta americana del vino. Aquí inició su arraigo y hoy tiene pasaporte mexicano.

Ya dije que la vinicultura es una actividad económica importante del municipio de Tequisquiapan; tanto que mereció un espacio de honor en su escudo de armas. Y si nos vamos al blasón del Estado, encontraremos que una parra patentiza el vínculo.

Naturalización del vino en el nuevo continente

Por dos razones bien válidas: placer y culto religioso, desde el segundo viaje de Colón, cada barco español que navegó hacia América trajo en su estiba el elixir de Baco[44]; ya en barrica, ya en botella, las condiciones de traslado frecuentemente lo echaban a perder. Los colonizadores comprendían que producir vino era mejor que importarlo, por lo que desde etapas tempranas se iniciaron los intentos de plantación de viñedos, pero las tierras mesoamericanas no se prestaron como para obtener un producto de regular calidad.[21Di]

Después de consumada la conquista de Tenochtitlan, cuando se tuvo ya cabeza para pensar en la posibilidad de una producción vínica americana, Hernán Cortés, en la sexta de sus ordenanzas de buen gobierno de 1524, dispuso:

Item, que qualquier vezino que tobiere indios de repartimiento sea obligado a poner con ellos, en cada un año, con cada cien indios de los que tohiese de repartimiento, mil sarmientos, aunque sean de la planta desta tierra, escogiendo la mexor que podiese hallar, entendiéndose que los ponga e los tenga presos e bien curados, en manera que puedan fortificar. ... So pena que... pierda los indios que así tobiese[45(sic)].

Traducción: Cada español con tierras habitadas con indios bajo su protección está obligado a sembrar anualmente diez sarmientos por cada uno.

Este intento no fraguó. Primero, porque no llegaban desde España suficientes sarmientos, ni lo hacían en buen estado, y las variedades americanas no eran propicias para la vinificación por sus bajos niveles de acidez y azúcar[22Di]. Segundo, porque las tierras conquistadas hasta ese momento no reunían las condiciones de clima, altitud y latitud —claro que ese dato científico no se conocía entonces—.

[21Di] Dato inútil. La producción vitivinícola del mundo se concentra en una franja de cada hemisferio que va de los 30° a los 45° de latitud, en tanto que Mesoamérica se ubica en un rango de los 10° a los 22° N, es decir, está fuera las bandas naturales del vino.

[22Di] Dato inútil. Nos cuenta Motolinia: «En esta tierra… hay muchas… parras bravas muy gruesas, sin se saber quién las haya plantado, las cuales echan muy largas vástagas y cargan de muchos racimos y vienen a se hacer uvas que se comen verdes; y algunos españoles hacen de ellas vinagre, y algunos ha hecho vino, aunque ha sido muy poco»[47(sic)]

En 1531, el emperador Carlos V decretó que cada navío que zarpara de España con rumbo a América trajera plantas de viñas y olivos, con lo que aumentaron ligeramente las posibilidades. Así, inició una incipiente y tímida propagación del cultivo en Atlixco, Puebla y las cercanías de la Ciudad de México[46].

Hoy parece de Perogrullo, pero conforme avanzaba la conquista hacia el norte y, por lo tanto, se acercaba a la franja del vino, los derivados de la uva como que iban agarrando sabor. La vid es una planta que gusta de tierras menos húmedas y permeables, así que la frontera norte de Mesoamérica empezaba a ofrecer mejores resultados. En otras palabras, esta zona geográfica a la que pertenece Tequisquiapan merece el distintivo de verse como la puerta de la Ruta del Vino.

Fueron los misioneros quienes, para asegurar su vino de consagrar, debieron tener la paciencia necesaria para convertirse en los primeros vinicultores con éxito local. Entre sus estrategias echaron mano de una uva americana, los otomíes la llamaban «Obxi», que es una variedad silvestre —como ya dije—, por sí misma, no apta para vino, pero, aquí viene lo importante, con características que se prestaban para convertirla, por la vía del método de injerto, en *Vitis Vinífera* (uva para vino)[48]. Al resultado se le conoce como uva Misión americana, pero por su origen híbrido, no debe ostentarse como una especie endémica del nuevo continente. —Me pregunto si la uva obxi sería "la planta desta tierra" a la que se refiere Cortés en su sexta ordenanza de buen gobierno—.

Primer boom del vino en América

De cualquier manera, la complicidad entre la *vitis vinífera* americana y las mejores condiciones climáticas ofrecidas por

Aridoamérica dieron por resultado el primer «boom americano del vino». Sería injusto soslayar que más al norte se encontraron otras tierras favorables, de ello dan cuenta Coahuila, Aguascalientes y Zacatecas; algunos dirán que incluso mejores, aunque el debate es para otro tipo de publicación. En cuanto a California[23Di], siglo y medio después fue fray Junípero Serra quien allá por 1769, al fundar la misión de San Diego, cultivó los primeros viñedos en aquella costa occidental con extraordinarios resultados. Los valles de Napa en Alta California (38°) y Guadalupe en Baja California (32°), hay que decirlo con toda objetividad, se encuentran dentro de la franja norte del vino (30° y 50°).

Prácticamente durante todos los años que duró la guerra chichimeca (segunda mitad del siglo XVI), el desarrollo de la vitivinicultura en lo que hoy es México alcanzó niveles inquietantes para los productores españoles.

Los vitivinicultores de España, con razón, percibieron que una expansión de calidad en territorios varias veces mayores que la península ibérica podría hacerlos desaparecer, así que, ejerciendo su influencia sobre el emperador, lograron que en 1595 Felipe II ordenara destruir todos los viñedos americanos

---

[23Di] Dato inútil sobre topónimos. Así como fueron de extraordinarios los resultados de fray Junípero Serra en el S. XVIII, también lo fue el asombro de los primeros exploradores que recorrieron la costa del pacífico doscientos años antes, a la altura de lo que hoy es California. Valga decir, antes de continuar, que lo primero que se conoció de esa región fue la baja California, que está en México y que, como ya todos sabemos actualmente, es una península muy alargada que discurre paralela al continente. Pues bien, el extraordinario descubrimiento de aquellos exploradores los asombraba cada vez más, ya que no sólo encontraban maravillas naturales que nunca habían visto en su pequeño país ibérico, sino que también avanzaban y avanzaban y no hallaban la unión con el continente. Así, para darle nombre a todo aquel nuevo territorio que ellos pensaron que era una isla, evocaron la ficticia isla fantástica de California, tomada de un libro de caballerías famoso de principios del S. XVI, *Las sergas de Esplandián*. Aportación impecable de René Galindo, mi editor.

con fines comerciales, no así los destinados para la elaboración de vino de consagrar.

El decreto real fue aplicado a rajatabla en las zonas de influencia del Reino de México, al que pertenecía Querétaro, pero al norte, en Nueva Galicia, Nueva Vizcaya y Nueva Extremadura fue casi letra muerta, probablemente con pleno conocimiento de la Corona; todo indica que al monarca le convenía quedar bien tanto con viticultores españoles como americanos. El «sospechosismo» surge del dato de que productores de Coahuila, como Francisco de Urdiñola y Lorenzo García, continuaran plenamente en el negocio[24Di], incluso el segundo con cédula real, apenas dos años después (1597) del mandato prohibitorio[49]. Triste realidad, pero en esta historia la víctima fue Querétaro. La marrullera política del rey le costó quedar a la zaga, mientras Aguascalientes, Coahuila y Zacatecas pudieron continuar desarrollándose enológicamente.

Un nombre que a todos los mexicanos nos resulta extraordinariamente familiar es Miguel Hidalgo y Costilla por su importantísima participación en la independencia de esta nación, pero pocos saben que era amante de los buenos vinos, que en una de sus propiedades montó un viñedo y que, sabiendo que algunos españoles consiguieron el privilegio de poder producir vino, gestionó las formalidades para entrar en el selecto círculo[48]; no lo consiguió, pero, lejos de olvidarse del asunto, incluyó entre los oficios que su parroquia impartía a sus feligreses pobres el del cultivo de la vid y la producción artesanal de vino[50].

[24Di] Dato inútil. Entre los indicios históricos de esas compañías, que más tarde se convertirían en las vinícolas Marques de Aguayo y Casa Madero, respectivamente, se disputan el honor de ser la más antigua. Entre ellas, claro, porque es inverosímil que no hubiera este tipo de emprendimientos en ciudades al sur de Parras, donde se establecieron infinidad de viñedos. Pero lo cierto es que sin pruebas no hay argumento que valga.

No sé, pero igual fue la gota que derramó el vaso para que se diera el último de los obstáculos coloniales, cuando en 1803 el virrey Iturrigaray, acatando órdenes de la Corona, decretó arrancar todas las viñas de la Nueva España. Así, fueron destruidas por igual las parras del empresario y las del párroco... ¿Sería ese un motivo más que profundizó el encono que el Padre de la Patria sentía contra los españoles peninsulares?

Después de la Independencia, se ha escrito algo sobre un intento vinícola porfiriano[51] en el que no me detendré, primero porque está desfasado de la época colonial, y segundo porque de haber trascendido lo suficiente, alguna huella palpable habría dejado... y no la encontré.

El toro bravo

Aquí me permití insertar algo relacionado con la tauromaquia en el siglo XVI. Más allá de filias y fobias, es evidente que la tradición de la fiesta brava ha sido deleite del pueblo español desde que la heredó de los romanos; es parte de su cultura, misma que se anidó también profundamente en América desde los primeros años de la Conquista. Para muestra, un curioso botón: se trata del fragmento de un acta del cabildo de la Ciudad de México, donde se ordena la celebración de la primera corrida efectuada en el Nuevo Mundo.

> *Miércoles 11 de agosto de 1529.- Estando juntos en Cabildo el Muy Magnífico Señor Nuño de Guzmán, Presidente de esta Nueva España por su Majestad, e los Muy Nobles Señores regidores [...], Los dichos señores ordenaron e mandaron que, de aquí en adelante, todos los años por honra de la fiesta de Señor Sant Hipólito, en cuyo día se ganó esta*

cibdad, se corran siete toros, e que de aquellos se maten dos
y se den por amor de Dios a los Monasterios e Hospitales;
y que la víspera de dicha fiesta se saque el Pendón de esta
cibdad de la Casa de Cabildo, y que se lleve con toda la
gente que pudiere ir acompañándole hasta la Iglesia de Sant
Hipólito[52](sic).

Dice el autor Nicolás Rangel (de cuyo libro tomé el texto que precede) que desde entonces con cualquier excusa se corrían toros; por ejemplo, para conmemorar la paz entre Francia y Castilla, el cabildo dispuso que «se hicieran alegrías de juegos de cañas y toros[53]»[25Di], así que El Zócalo de la CDMX fue escenario, y no como una curiosidad sino como una fiesta pública auspiciada por la autoridad. Que nacía un infante español, ¡toros! Que se descubría una nueva mina, ¡toros! Que llegaba un nuevo virrey, ¡toros!

Por cierto, don Luis de Velasco, el segundo virrey de Nueva España, era un consumado jinete, aficionado practicante de cacería, cetrería, juegos de cañas y entusiasta promotor de la tauromaquia. Tanto le apasionaba la fiesta que hasta patrocinaba cuadrillas y mandaba traer las bestias más bravas desde tierras chichimecas (Rangel, 1924, pp. 13-14). Su hermano, Francisco, fue "dueño" de la encomienda de la Llave y, quizás, su proveedor de toros de lidia.

Otra vinculación de la zona con el tema taurino, en aquella época, tiene que ver con la ganadería Xajay, hoy asentada en el municipio de Tequisquiapan, aunque su origen se remonta hacia el siglo XVIII en unos llanos no muy lejanos, llamados

---

[25Di] Dato inútil. Juegos de cañas es como se conocía en la España medieval a los torneos de caballería, esos donde dos jinetes en armadura y portando sendas lanzas (cañas) se enfrentan cabalgando a toda velocidad con objeto de derribar al adversario.

el Cazadero, porque en 1540 el virrey Antonio de Mendoza protagonizó una cacería épica.

Ciertos diseños de cestería

¿La cestería la trajeron los españoles? Lo cierto es que desde el *homo hábilis* cada pueblo, a su manera, ha resuelto la necesidad de contener cosas en receptáculos para su transportación, su almacenamiento o para resguardarse del sol. Siempre en algún punto temprano de toda comunidad social, alguien descubre que las fibras orgánicas entrelazadas de cierta forma dan por resultado un cuenco o una red. Esa es la historia universal de la cestería, lo mismo si se trata de Tailandia, de España o de los pueblos americanos.

En México, los petates, mecates, tenates, tazcales, chiquihuites, tompeates, mecapales, etc. son 100 % mexicanos, lo único que sucedió, como en tantos otros temas, es que se incorporaron algunos diseños de origen europeo como las canastas y los sombreros. Hoy indiscutibles símbolos mexicanos son el sombrero Zapata y el de charro. Ya veremos más adelante cómo es que manos tequisquiapenses aportan el toque mexicano.

CAPÍTULO VI
¿Y DESPUÉS DE LA INDEPENDENCIA, QUÉ?

El siglo XIX

El México decimonónico está abrumadoramente plagado de hechos históricos, y aun cuando Tequisquiapan no fue escenario de alguna de las innumerables epopeyas registradas en la memoria del país es, creo, irrenunciable hacer referencias mínimas para contextualizar los sucesos de la zona en el periodo.

Nota: Son tantos números en pocas líneas, que opté por usar también el pie de página para esquematizar un poco.

En este país hubo cuatro formas de gobierno: virreinato, imperio, república centralista y república federal, siendo 64 las personas que detentaron el poder: diez virreyes, dos emperadores[26], dos juntas de Gobierno[27] y la friolera de 52 presidentes.

La lista incluye 13 que gobernaron más de una vez; de ellos, 3 lo hicieron de manera dictatorial[28] y 32 fueron interinos o sustitutos. Sólo 8 tomaron el mando de manera democrática[29],

---

[26Di] Iturbide y Maximiliano.
[27Di] 1823 Triunvirato; 1863 Junta Superior de Gobierno.
[28Di] Santa Anna, Juárez y Díaz.
[29Di] G. Victoria, M. Arista, I. Comonfort, B. Juárez (2 veces), S. Lerdo de Tejada, M. González, P. Díaz.

en cambio, hubo 15 golpes de estado[30] (eso sin contar con innumerables intentos fallidos).

Sobra decir que la inestabilidad política estuvo envuelta en un ambiente de efervescencia social: 19 conflictos armados aterrorizaron a la población; una guerra de independencia, 6 rebeliones locales de escisión territorial (tres de ellas tuvieron éxito)[31], 5 guerras civiles[32] y 7 invasiones extranjeras[33]. En 56 de los cien años del siglo hubo conflagraciones bélicas, sin tomar en cuenta las pugnas violentas de índole local, como el sitio de Campeche por parte de Yucatán, o la guerra yaqui, que atravesó toda la centuria.

No ser emplazamiento de acontecimientos de trascendencia nacional no significa que en estas tierras no pasara nada, pues indudablemente la población experimentó efectos directos o colaterales y, desde luego, hubo hostilidades locales como reflejo de los hechos que impactaron al país.

Para no variar, la ubicación geográfica de esta región también ha sido determinante en el México independiente. El hecho de estar cerca de paraderos obligados en el trayecto centro-norte ha propiciado una constante derrama económica cuya distribución,

---

[30]Di 1822 contra Iturbide, 1828 contra G. Victoria; 1829 contra Vicente Guerrero; 1841 contra Bustamante; 1844 contra Valentín Canalizo, 1845 contra José Joaquín Herrera, 1847 contra Valentín Gómez Farías; 1854 contra Santa Anna; 1857 Comonfort vs sí mismo; 1858 contra Comonfort; 1858 contra Zuloaga; 1859 contra Robles Pezuela; 1861 contra Miramón; 1863 contra Juárez; 1876 contra Lerdo de Tejada.

[31]Di Centroamérica 1821, Texas 1836, Tabasco 1839, Yucatán 1841, California 1844, Sonora y Baja california 1854.

[32]Di Imperialistas vs Antiimperialistas 1823-1824, Federalistas Vs Centralistas 1827-1839, Conservadores vs Liberales 1852-1853, Guerra de Reforma 1858-1861 y Anti juaristas vs Federales 1868-1871.

[33]Di España 1825, Francia 1838, Guatemala 1839, Estados Unidos 1846, Filibusteros norteamericanos 1857, Francia 1862 y Estados Unidos 1867.

¡claro!, encaja en la eterna discusión de la desigualdad social, pero alcanza para atenuar los conflictos clasistas, por ejemplo, aquí hubo muy pocos esclavos, no se necesitaban porque la mano de obra era muy barata para los terratenientes y la paga cubría cuando menos el sustento indispensable[55(p. 397)].

Aunque a Querétaro se le conoce como «la cuna de la Independencia» por la famosa Conspiración, los primeros enfrentamientos violentos se dieron en Guanajuato y siguieron en otros estados, pero no en tierras queretanas. A mitad del siglo, fue territorio de conservadores, por ello Maximiliano trasladó su gobierno a esta zona.

Después de esta larga, y sin embargo resumida introducción al contexto donde se desarrolló Tx durante el primer siglo del México independiente, ¿quién mejor que su hijo adoptivo favorito para mostrar los claroscuros tequisquiapenses?

Guillermo Prieto

En su exilio, allá por 1857, Guillermo Prieto Pradillo fue otro ilustre personaje que, fascinado por los encantos del lugar, dejó huellas profundas; su pluma grabó estelas literarias que bien vale la pena rescatar. De su libro *Viajes de orden suprema*[34Di], Tequisquiapam (Pág. 255), transcribo:

Rumbo norte, como 5 leguas distante de la frondosa población de S. Juan del Río, escondiéndose en una fértil hondonada, se encuentra el pueblo de Tequisquiápam y he dicho se encuentra

---

[34Di] Dato inútil. El curioso título de este clásico mexicano obedece a que, se dice, los viajes fueron realizados por la suprema orden de Antonio López de Santa Anna.

porque es necesario buscarlo muy repetidas veces para dar con él, en lo cual no deja de parecerse á la buena fortuna.

El pueblo se presenta repentinamente á la vista como una extensa huerta cercada de órganos altísimos cuyas delgadas puntas penetran y descuellan por entre los numerosos árboles que agrupados en todas direcciones embellecen el cuadro. En medio de tanta verdura se ve colorear aislada una torre...

Entre las tupidas cercas de órganos se perciben [...] de trecho en trecho puertecitas de casas de piedra muy distantes...

Angostos callejones de órganos y roca viva en los suelos, he aquí la calle principal del camino de México [...] tres portales con sus arcos desiguales como una dentadura trunca, unos árboles de mal modo, brindando su sombra camino a la cárcel, y sobre todo la iglesia cuya fachada se semeja a una concha de tortuga puesta de canto [...] como matrona de pueblo del siglo pasado en un día de festividad.

Al norte se extiende caprichosa y con torcido giro la orilla magnífica del río de Tequisquiápam, hermoseada con un bosque no interrumpido de sauces y ahuehuetes gigantescos, y circundado de las vegas más fértiles y frondosas.

En aquellas vegas brillan los dorados frutos del durazno, se extiende y sombrea el suelo la fecunda parra, gigantescas las higueras derraman su ramaje en círculos extensos, y el nogal y el granado formando bosquecillos impenetrables, ofrecen escalas en sus espinos a miles de caprichosas enredaderas, que en las cercanías de las chozas brindan solaz en oteros apacibles y sombríos.

A las puertas de las chocillas, en tablitas delgadas que se apoyan en las piedras, se venden tunas, duraznos e higos como se debe suponer, con suma baratura.

Los nopales inagotables, los órganos estériles, los cardones dañinos como los tinterillos y los notarios de los pueblos forman sombra a este cuadro encantador.

¡A los baños, chicos! Á ver los baños! Ir un cristiano de buen gusto á Tequisquiápam y no ver los baños, sería como en Querétaro visitar el pueblo sin ver el templo. Los baños son la poesía de Tequisquiápam, el alegro de sus armonías, el nido de los amores, el recuerdo mas tierno de los ancianos. Tequisquápam sin sus baños, sería como Rossini sin su talento músico y Byron sin su lira: los baños son la sonrisa, el placer de este pueblo.

Las aguas de los baños son termales, pero agradablemente templadas; el contacto del agua es el tibio beso de una hermosura enamorada.

Dejo el análisis de las aguas á los químicos: tomaré por mi cuenta la parte de voluptuosidad y de goces […] según este sabroso ramo de la literatura.

Hay baños en la alberca, en el acueducto de la hacienda, en el arroyo, en los cuartos, y en los lavaderos.

Cada lugar es un cuadro al fresco lleno de novedad y de belleza.

[…] El arroyo es la alegría de la plebe, su bandolón, su gusto de la gente de color bronceado y despreocupadas inclinaciones.

Allí en un remanso se puede estudiar la escultura en todas sus fases, sin que el pudor ni la castidad se mortifiquen en lo más mínimo. Hijas de Eva pugnando por nadar con sus enaguas amarradas de las cintas al cuello. Ancianas venerables al descubierto con mas quiebras que la cañada de marfil de Guanajuato y mas arrugas que papel en que se envolvió dinero menudo.

Aquel ha sido nuestro lugar favorito: los baños son sensuales, sanos y deliciosos; es un placer inexplicable, el que producen las aguas, es el dulce sentir, el abandono, con todas las caricias de la voluptuosidad, los baños son divinos, y el que dijere lo contrario, miente[4(sic)].

Los baños son divinos

Ya que Guillermo Prieto me regresa al tema acuático y, toda vez que yo no quiero mentir, planteo una inquietud: ¿por qué siendo tan magníficos los dones del agua, los tequisquiapenses no le sacaron provecho económico al asunto?

Seguramente que sí lo hicieron, solo que los registros deben estar por ahí, esperando que alguien los desempolve. No dudo que el mismo fray Sebastián de Aparicio pudo haber promovido los baños naturales a los usuarios de su puente. Hasta donde yo me tropecé con referencias es en los albores del siglo XIX. Concretamente, dice el multicitado libro *Tequisquiapan, Memoria Gráfica*:

[…] se anunciaban baños… entre los giros industriales de Tequisquiapan. El más grande era el de la señora Felicitas Zarazúa de M., propietaria de un hotel y baños que serán el antecedente de El Relox[29] (p. 93).

En realidad, apunta la misma fuente, los demás eran mesones con baños.

El siglo XX si es pródigo en información sobre balnearios y hoteles, así que dejo para después «las caricias de la voluptuosidad hídrica» en la que nos envolvió el maestro Prieto.

Es irónico que, siendo el agua, por su calidad y abundancia, el recurso por excelencia de Tequisquiapan, los conflictos locales la tenían como foco de atención.

Profesor Rafael Zamorano

Otro indiscutible y absolutamente reconocido hombre ilustre, este sí oriundo de Tequisquiapan, es don Rafael Zamorano Morales. Nacido a mediados del siglo XIX, estudió para maestro en la capital. Después de ocho años de haber sido asignado a otras poblaciones queretanas, llegó en 1882 para tomar las riendas de la educación local y lo hizo con excelencia, pues no se concretó a impartir clases, luchó con ahínco, inteligencia y perseverancia para superar obstáculos legales, administrativos y financieros que dificultaban no sólo fundar la Escuela No. 1, sino además instalarla en un inmueble adecuado. Esa primera institución educativa tuvo su asiento en lo que hoy se conoce como el Auditorio Municipal, en la calle Niños Héroes, misma que, por razones obvias en algún tiempo se le llamó la calle de la Enseñanza, y en otro tiempo por su forma La Media Luna, según nos recuerda su nieto don Salvador Zamorano.

Pronto consiguió abrir la Escuela No. 2, esta vez en el barrio de la Magdalena, y más tarde la secundaria.

Fue promotor de la construcción del entonces llamado Puente Nuevo que comunica al centro con la Magdalena.

En diferentes crónicas, se le recuerda por haber realizado actividades extraescolares y, sin embargo, muy formativas. Tal es el caso de las Jornadas de Reforestación, en las que, sudando a la par de sus alumnos, sembró algo más que árboles: el cariño de sus paisanos.

La imagen que se formó en mi imaginación al redactar el párrafo anterior me llevó en automático a una escena de *El Profe*, película de Cantinflas, en la que el personaje pinta alegremente junto con sus alumnos la fachada de una casa, que consigue para impartir sus clases. La cuestión cinematográfica es para otro capítulo, pero por lo pronto no quiero dejar de comentar aquí que estoy convencido —por pura asociación de ideas— de que el guion de dicha cinta pudo inspirarse en el maestro Zamorano.

Tan apasionado de la educación era que cinco de sus hijos heredaron su vocación y se convirtieron en mentores[35Di].

Tequisquiapan vs. Tequisquiapan
(El pueblo contra la hacienda)

Créase o no, a pesar de la profusión de agua, este elemento fue el motivo del conflicto social más severo, complicado y prolongado en el municipio durante el siglo XIX.

Una querella iniciada en tiempos del emperador Maximiliano, quien había promulgado en 1865[36Di] la liberal ley para dirimir diferencias sobre tierras y aguas entre pueblos de indios y hacendados, quedó traspapelada en medio de las constantes pugnas de conservadores y liberales; el pleito legal se desempolvó trece años después. Dice la doctora García Ugarte[55 (p. 309)]

---

[35] Dato inútil. Salomón Zamorano y cuatro de las ocho Marías: María 1, María 2, María 3 y María 4. (Nota: don Salvador Zamorano, nieto del profesor, me dijo que él tuvo ocho tías llamadas María en memoria de su bisabuela. Con las primeras tres no había tanto problema porque eran distinguidas como María Grande, María Chica y María de en medio, a partir de la cuarta es que se empezó a numerarlas).

[36] Dato inútil. El Emperador Maximiliano, emblema por antonomasia del bando conservador, resultó ser bastante liberal, un botón de muestra es la ley que decretó para dirimir las diferencias sobre tierras y aguas. "Artículo 1° Todo pueblo que tenga que demandar la propiedad o posesión de tierras o aguas a otro pueblo o propietario particular, presentará a la Prefectura Política Superior... su pretensión, acompañada de los documentos en que se funde... para que confrontadas y certificadas por la Secretaría de la Prefectura, se devuelvan".

En reunión del ayuntamiento de Tequisquiapan, con asistencia del gobernador Antonio Gayón, en marzo de 1878, el síndico Benigno Ramírez le pidió su aprobación para [restablecer el litigio pendiente con la Hacienda de Tequisquiapan]... *no obstante el gobernador Gayón falló en favor de los hacendados.*

En otras palabras, ciertos terrenos —"casualmente" estratégicos para el aprovechamiento del agua— disputados por siglos entre vecinos de la Magdalena y la Hacienda Grande, y que por una ley de Maximiliano se daba esperanza de equidad a los campesinos, de un plumazo fueron asignados al hacendado.

Es más, se les advirtió a los vecinos de la Magdalena que de pisarlos se consideraría invasión y, como tal, sería reprimida. Bajo este criterio, la oleada de invasiones a las haciendas queretanas le trajo al gobernador tal crisis política que terminó siendo destituido por la Legislatura del Estado, bajo presión de Porfirio Díaz.

Sin embargo, la madre naturaleza, ajena a intereses justos o mezquinos continuaba manando el tequesquitoso líquido. Después de usar a sus anchas los torrentes cristalinos, los hacendados y rancheros —ya por motivos caritativos, ya para evitar inundaciones— dejaban fluir los residuos, que alcanzaban de sobra para las necesidades agropecuarias, vitales y hasta recreativas de la población.

Aunque parezca inverosímil, porque por esos años el resto del país se levantaba en rebelión, durante toda la era porfiriana y un poco más, está documentado que el estado de Querétaro gozó de un largo periodo de estabilidad social y política.

Rodrigo García Leo

Primeras décadas del siglo XX
La estación Bernal

En 1902 el presidente Porfirio Díaz inaugura el paradero del ferrocarril. Curiosamente, no se le llamó Estación Tequisquiapan, cómo era natural, sino Estación Bernal, como el poblado del vecino municipio de Ezequiel Montes, a pesar de que dista unos 30 kilómetros en línea recta de la parada ferroviaria y la cabecera municipal de Tequis está a menos de 3 kilómetros.

¿Por qué llamar Bernal a dicha estación?

Se cuenta que la idea de sustituir el nombre, que hubiera resultado más lógico, fue del mismísimo don Porfirio, más o menos en estos términos: antes del acto oficial, el presidente divisó hacia el norte una curiosa colina. Cuando le dijeron que no se trataba de un cerro, sino de un gigantesco monolito que era tan grande como uno que hay en Europa[37Di], el caudillo comentó que era una lástima que no estuviera más cerca de la vía, porque así más gente podría conocer esa extrañeza natural.

—¿Y cómo se llama la piedrota?

—Peña de Bernal, mi general, por encontrarse cerca del pueblo del mismo nombre[38Di].

—Pues ahora habrá algo más llamado Bernal, esta estación.

La verdad es que el edificio pasa sin pena ni gloria en cuanto a su arquitectura se refiere, lo relevante es que durante algunas décadas fue puerta de entrada y salida de mercaderías que le

---

[37Di] Dato inútil. Realmente no es tan alto como el Peñón de Gibraltar, que alcanza 426 metros, pero su cima da para ubicarse en tercer lugar, sólo después del Pan de Azúcar en Río de Janeiro, que se alza con 396 metros. Nuestra peña de Bernal mide 350 metros. Pocos saben que bajo ella hay una mina activa de oro y plata.
[38Di] Esa respuesta no es del todo correcta, pues la palabra "bernal" significa "peña". Al pueblo se le llamó Bernal por haberse asentado al pie de la formación rocosa. Así que el monolito en realidad no tiene nombre.

dieron impulso a la economía y, desde luego, por la estación Bernal arribaban anualmente decenas de miles de bañistas, ansiosos de sumergirse en las famosas aguas termales por razones de salud o de recreo.

Hoy prácticamente el ferrocarril, que ya sólo es de carga, no para en esta estación; si a veces lo hace, es como parte de las maniobras logísticas. Por supuesto, en los últimos años, los migrantes centroamericanos son pasajeros polizones en busca de una mejor vida, y, de cuando en cuando, las almas caritativas del pueblo les arrojan al paso bolsas con alimentos o ropa.

La Hacienda Grande cambia de manos

En 1906 don Raymundo de la Mora adquiere, por compraventa a Manuel De la Peña, la entonces gigantesca propiedad junto a la cual se fueron desarrollando los barrios San Pedro y San Nicolás (lo que hoy corresponde a parte del centro de Tequis).

Sin duda, la intención fue explotarla a la manera agropecuaria tradicional. El hecho, en sí mismo, pudo no haber sido trascendental, salvo que la familia De la Mora, a raíz del gran cisma que se aproximaba, tuvo que tomar decisiones que impactaron a todo el pueblo.

El negocio iba funcionando bien, hasta que estalló la Revolución. Por fortuna, insisto, en el estado de Querétaro no fue significativamente violenta, como en otras entidades. Con Porfirio Díaz, el esplendor económico retardó hasta 1917 la primera desavenencia armada[55 - (p. 415)], y no fue en Tequisquiapan, por supuesto. No obstante, los revolucionarios sí protagonizaron, aunque aisladas, las típicas escenas de saqueo para alimentar caballos y tropas. Así que la inversión del señor De la Mora pasaba por recurrentes periodos de vacas flacas.

Pero, a fin de cuentas, más que la violencia, el impacto para la familia De la Mora fue la Constitución agrarista que produjo el movimiento revolucionario. Por cierto, uno de los diputados constituyentes fue don Ernesto Perusquía, quien, como regalo de bodas[39Di], recibió de su padrino, Salvador Michaus padre, unos baños que se volvieron referencia turística de Tequisquiapan. (Dato obsequiado por don Salvador Zamorano).

A partir de 1920, las haciendas se empezaron a desbaratar con el repartimiento de tierras para asignarlas a los ejidatarios. Los siguientes veinte años transcurrieron entre pleitos judiciales, distanciamientos sociales, la guerra cristera y para rematar se viene la depresión económica del 29. El resultado fue la confiscación de algo así como 2 600 hectáreas. En comparación con lo que tenía, a la Hacienda Grande, de grande sólo le queda el sobrenombre.

La presa el centenario

En 1910 se inaugura la presa en la depresión situada al sur de la cabecera municipal, evidentemente, el nombre que se le puso hace referencia a los cien años del inicio de la Independencia. La constructora fue la Compañía Hidroeléctrica Queretana, es decir, que el principal motivo de la obra fue la generación de energía eléctrica. Como premio, Tx se convirtió en la primera urbe de la región en prescindir de velas para iluminar sus noches[7 - (p. 98)].

Como suele suceder, las presas generan temores de inundación entre la población cercana. Supuestamente la parte

---

[39Di] Dato inútil. Otra fuente, que no desestimo, me aseguró que no fue regalo de bodas, sino adquisición pagada peso sobre peso. Por ser un dato menor, yo lo dejo ahí, simplemente expongo las dos versiones que sumadas, eso sí, refuerzan la sucesión de propietarios.

más baja de la cabecera municipal se encuentra muy cerca de su zócalo, en la esquina que forman la calle de Moctezuma y otra que baja directamente desde el embalse y que se llama justo como la represa: Centenario. La gente decía que de haber un problema con la cortina las aguas correrían como un río por esa avenida hasta el sitio señalado. Se dice que en 1940 hubo una gran inundación; el nivel alcanzado por las aguas se marcó con una placa en la pared. Escribí "se dice" porque, al menos yo, nunca vi esa placa, lo cierto es que ahí hay una miscelánea que se llama El Nivel.

De lo que no cabe duda es que de vez en cuando la presa se ha desbordado; la última ocasión fue en plena pandemia del Coronavirus 19, en septiembre de 2021, sin embargo, a El Nivel el agua no le llegó ni a la banqueta a pesar de que hubo zonas que alcanzaron más de un metro.

Los ejidos

El tema agrario posrevolucionario no se puede soslayar, dado que en todo el país se registraron efectos que de una u otra manera siguen permeando en la sociedad. Por otro lado, ya que el tema es extraordinariamente complejo, lo honesto es tratarlo a profundidad en libros especializados por expertos del ramo. Atento a esas consideraciones, aquí solo externo algunos datos duros.

Como sabemos, una de las conquistas revolucionarias fue el reparto agrario. En Tx, los vecinos de la Magdalena, organizados, crearon el Club Agrarista Tequisquiapan, que solicitó dotación de tierras; la diligencia fue aprobada, se repartieron 700 hectáreas a costa de la Hacienda Tequisquiapan, pero fueron insuficientes; entonces su líder, el profesor Salomón Zamorano (hijo del legendario maestro del siglo XIX), gestionó una ampliación que, en papel, también fue concedida, sin embargo, "por razones desconocidas" se suspendieron los deslindes, con lo que se generó un ambiente social muy áspero. Años después hubo no una, sino dos ampliaciones.

Los puentes

De acuerdo con información de viva voz de don Salvador Zamorano: «el primer puente que comunicó a la Magdalena con Tequisquiapan era de madera y se llamó Naudhá». Agrega que partía del predio baldío que hoy ocupa el fraccionamiento Los Claustros y que en la actualidad sólo hay un cruce peatonal donde debía haber una avenida. El dato tiene mucha lógica ya que es una vía directa entre las iglesias de la Magdalena y La Asunción. En la inundación del año 2021, ese puente fue cubierto por las aguas.

El primer puente de piedra data de la misma época de la presa, prolonga la avenida Juárez comunicando a los barrios de San Pedro y San Nicolás con los de la Magdalena y San Juan. Su nombre oficial es Benito Juárez, pero los vecinos se refirieron a él como el Puente Nuevo… Obvio, esto sucedió hasta la inauguración de otro cruce, y entonces el llamado "puente nuevo", se convirtió en el puente viejo. La construcción que le robó el nombre popular al primero fue llamada de manera oficial como Puente de la Democracia.

No puedo dejar de mencionar que, para las personas sensibles a la belleza natural, a ciertas horas, cruzar a el río caminando sobre cualquiera de los seis puentes de la cabecera municipal es todo un espectáculo. Si bien es cierto que hoy el flujo de agua es de pena ajena, y que muchos ahuehuetes ribereños han muerto, las estampas cromáticas que ofrece el sol filtrando sus rayos al cauce se graban en el alma.

Centro geográfico de México, el concepto

Varios lugares se disputan el honor de ser el centro de México: la ciudad de San Luis Potosí, el cerro del Cubilete, Zacatecas, Aguascalientes, la Ciudad de México y, por supuesto, este municipio. En cuanto a los demás, dejo a otros su defensa y, si existe o no evidencia de que Tx lo sea desde un ángulo científico, es irrelevante; lo cierto es que al menos desde el punto de vista jurídico, sí que lo es, pues hay un decreto presidencial que lo avala y esta es la historia:

A principios de 1916, Venustiano Carranza llegó a Querétaro con la intención de elaborar y promulgar la nueva Constitución Política de los Estados Unidos Mexicanos. La razón práctica que aducía era la tranquilidad social que gozaba esta entidad, ambiente necesario para lograr sus fines. Como buen político, debía atar todos los cabos, así que proclamó a Querétaro como capital provisional del país, justificándolo con otro decreto: Tequisquiapan es el centro geográfico de la República Mexicana.

Ahora, ¿por qué Tequis y no Cadereyta o Amealco? Aquí entramos, nuevamente —lo admito—, en zona de especulación, pero es un hecho que el primer mandatario era bañista frecuente de termas minerales (Cuatro Ciénegas, su lugar de origen es, casualmente, zona de aguas calientes); también lo es que su anfitrión en El Relox era Ernesto Perusquía, quien, además de diputado constituyente, fuera su compadre y futuro primer gobernador constitucional del estado de Querétaro.

Don Venustiano era tan asiduo a los baños termales, que hasta oficina para el despacho de los asuntos de gobierno tenía en el hotel El Relox. En ese sentido (y sólo en ese), se podría decir que alguna vez Tequisquiapan fue capital de la República mexicana. Obviamente esa es una exageración nacida del corazón. Sin embargo, sí que fue capital estatal.

Tequisquiapan, capital del estado

Por motivos de seguridad, otro gobernador, Salvador Argain, por cierto, primo de Perusquía, trasladó los poderes de Querétaro a Tequisquiapan[35 - (pág. 189)].

Resulta que Álvaro Obregón, enemigo político del Partido Constitucionalista, se sentó en la silla presidencial. Eso puso nervioso al mandatario queretano, quien temía que, por sus vínculos carrancistas, peligrara la estabilidad de la entidad, y la fórmula que se le ocurrió para disminuir riesgos fue declarar itinerantes a los poderes estatales, de manera que, en caso necesario, se pudieran reubicar en un lado o en otro.

Así, en 1920, Tequisquiapan fue considerada la mejor opción y erigida provisionalmente cabeza del estado de Querétaro, aunque el ardid de Argain no funcionó, e igual tuvo que renunciar, con lo que el efímero estatus de capital pasó sin pena ni gloria para la ciudad de las aguas tequesquitosas.

Nace un municipio

En mayo de 1931, Tequisquiapan fue reconocido como municipio y, para diciembre, se le quitó tal dignidad. La verdad es que ni el nombramiento ni el arrebato obedecieron a los criterios correctos, sino a redistribuciones de la división política del estado para proteger su territorio. Y es que algunas propiedades particulares queretanas que colindaban con otras pertenecientes a estados vecinos se encontraban en disputa jurídica por deudas o por colindancias a causa del aprovechamiento de los flujos de aguas. Dice la autora Martha Eugenia García Ugarte: "[...] la escasez de capital... permitía la fragmentación de las haciendas... Para 1931, el 90 por ciento... se encontraban grabadas con fuertes hipotecas"[45 - (p. 428)].

Finalmente, el 30 de junio de 1939 nace, por decreto del gobernador Ramón Rodríguez Familiar, el municipio de Tequisquiapan. De esta manera se desprende definitivamente de la municipalidad de San Juan del Río. El último delegado sanjuanense de Tequisquiapan fue Luis Pinal, padrastro de la actriz Silvia Pinal. En legal proceso democrático, resulta electo Pánfilo Ríos Nieto como primer presidente municipal de Tequisquiapan.

La Ganadería Tequisquiapan

Don Fernando de la Mora Madaleno, hijo de don Raymundo, para mantener la rentabilidad del negocio, se tuvo que adaptar a la nueva realidad de la Hacienda Grande; y nunca mejor dicho: tomó al toro por los cuernos y con lo que le quedó, el casco y unas "cuantas" hectáreas, reinventó el negocio en alguna negociación con el ganadero Carlos Cuevas.

Así se fundó, en las postrimerías de la llamada Edad de Oro de la Fiesta Brava en México, la Ganadería Tequisquiapan, la primera especializada en la zona en toros bravos con un pie de cría de la ganadería Miura importado de Málaga, España; aunque también producía forraje para autoconsumo, así como leche y queso.

Con ello, además de rescatar el negocio familiar, contribuyó a poner en boca de muchos, propios y extraños, el nombre de Tequisquiapan con letras brillantes; ahora este pueblo tenía algo más de lo cual sentirse orgulloso.

SEGUNDA PARTE

TRADICIÓN ORAL

CAPÍTULO VII

HISTORIA VIVA DEL ENTONCES PUEBLITO

Testigos y protagonistas

Historiar es contar hechos del pasado. Cuando ese pasado es lejano, las fuentes necesariamente son documentales. En la medida en que el investigador se allega de más y mejores datos para analizarlos y cruzarlos, puede aspirar a un relato más cercano a la realidad, pero, casi siempre, los fundamentos serán indirectos. ¿Quién que haya escrito, por ejemplo, sobre Leonardo Da Vinci no hubiera deseado conversar en vivo con él? O ¿quién que haya historiado sobre la Roma imperial no hubiera anhelado sentarse en un baño público para platicar con un ciudadano romano?

Hasta el capítulo anterior, me conformé casi en su totalidad con rastros hallados en libros y documentos, varios de los cuales obtuve en internet.

En lo que sigue, como anuncié en la carta al lector y tomando en cuenta que se trata de un pasado no tan lejano, quise aprovechar la fuente oral, directa, como principal herramienta de indagación. Consciente estoy de que, aun sin pretenderlo, dejaré de largo eventos muy significativos en la historia de este pueblo. A cambio, espero que los testimonios de viva voz o "viva letra" me ayuden a mostrar con mayor emotividad las últimas ocho décadas de este terruño.

Esta parte es como una narración extraída desde el cajón de los recuerdos, por lo que tuve que clasificar lugares y hechos para intentar acomodarlos en forma progresiva. Sin embargo, explicar algunos temas me obligó a insertar comentarios atemporales o fuera del estricto apego a la cronología.

El tiempo transcurrido entre 1938 y los días en que se publicó este libro es apenas un suspiro en comparación con el lapso histórico narrado en este compendio, sin embargo, podría ser toda una larga vida humana. Y más o menos corresponde al periodo de transición entre el Tequis que se fue con añoranza y el que va surgiendo con esperanza.

Si yo, con pocos años de residir en Tx, lo siento tan mío, nunca alcanzaré a comprender el cariño desarrollado por quienes han vivido aquí por generaciones. Seguro estoy de que los recuerdos propios del tequisquiapense de cepa, aderezados con los relatos de sus padres y abuelitos, encontrarán empalmes con las memorias de alguien que la fortuna cruzó en mi camino, y que amablemente accedió a compartir en estas páginas.

Metodología

Ese alguien es uno de los hilos conductores que ayudará a contar la historia; se trata de don José Guadalupe Rivas Ledesma, tequisquiapense que me honra con su amistad. Nacido en 1938, prácticamente toda su vida ha residido en el municipio, posee una retentiva prodigiosa y está ávido de evocar sus andanzas por cada rincón de este pueblo, así como de platicar sus peripecias en complicidad con otros personajes legendarios pero reales.

Ser avispado, afable, cooperador y tener don de gentes fueron las condiciones que le ayudaron al destino a ponerlo en el lugar y momento precisos. Por novelesco que parezca, fue testigo de varios acontecimientos relevantes de la etapa de la historia que le tocó vivir.

Advertencia que nos hace el propio señor Rivas Ledesma:

Mis vivencias vienen de mi memoria, y las cuento como las recuerdo; si hay olvidos y errores, la culpa la tiene el tiempo.

Partiendo de esta poderosa fuente de información viva, dispongámonos a hacer un viaje en el tiempo, a veces con insertos novelados para hacerlo ameno, pero hilados con sucesos reales tratando de respetar la sucesión temporal, puesto que a fin de cuentas pretendo ofrecer al lector una crónica histórica. Desde luego, quedarán incluidos valiosísimos aportes y recomendaciones de otros testigos fundamentales para cuadrar con la mayor veracidad posible los hechos, o para hurgar en temas muy específicos.

El Tasha

—*Ahís'ta* su café, papá —le dijo Coty al señor Michaus, dueño de la carnicería. La muchacha había colocado en el mostrador una taza de barro con humeante café de la olla.

El perfume acanelado era tan intenso, que hacía desaparecer los tufos a manteca, longaniza y vísceras del establecimiento de la calle de la Enseñanza. Eran las ocho de la mañana y, aunque mi abuela ya me había dado mi atole de guayaba y mi gallito[40Di],

---

[40Di] Dato Inútil. Gallito. Decíase coloquialmente de una tortilla al comal, pasada por manteca con frijoles paraditos y tantito queso.

yo quería probar aquella bebida. Así que, como no alcanzaba, acerqué una silla, me subí y cuando estaba a punto de tomarla con ambas manos se me adelantó don Carlos y se la llevó diciendo: «Esa taza es muy grande para ti, Lupito».

A la mañana siguiente se repitió la escena, solo que Coty puso sobre el mostrador dos tazas, una grande y una pequeña. El carnicero tomó la suya y me dijo: «Ahí está su tacita, muchacho, y no ande agarrando lo que no es suyo». Ese día debió ser mi santo o algo, porque, además del café, me desayuné un cocol de la puerta azul, la de la plazuela de la leña. Después, cada vez que yo veía venir la charola del almuerzo, decía emocionado: «Ahí viene mi *tashita*... ahí viene mi *tashita*».

Me platicó emocionado literalmente mi ahora entrañable amigo José Guadalupe:

«Eso fue como en 1944, yo tenía como cinco años y se me quedó pa siempre el mote de El Tashita y... claro, para algunos, cuando crecí ya no era el Tashita, sino el Tasha, y ahora hay quien me dice respetuosamente don Tasha [risas].

Mi nombre de pila lo saben o lo recuerdan pocos, pero nomás pregunten por el Tasha y muchos en Tequis, sobre todo los viejos, darán razón de quién soy yo».

Así era mi Tequis

Las diferencias sociales eran muy marcadas: aunque los hacendados habían visto diezmadas sus riquezas, seguían ostentando un gran poder y los pocos comerciantes tenían sólidos negocios. Había escuela, pero no mercado municipal; había panaderías, pero todas conseguían su harina en el portal Nieto; había carnicería, pero sí alguien deseaba queso tenía que acudir a la Hacienda Grande, donde solo cuando había excedentes lecheros se transformaban en buenos panelas.

Las Campechanas

La casa donde el Tasha nació y vivió sus primeros años está en la calle de Niños Héroes y, como ahí también estaba la escuela, se le conoció popularmente como la calle de la Enseñanza. Hoy, en ese lugar hay un restaurante. Una cuadra hacia el panteón, pasando por el granero ejidal, donde el corredor, hoy peatonal, se cruza con Cinco de Mayo y Centenario, formando un triángulo imperdible para el visitante turístico, sigue estando la panadería donde se horneó el cocol que se comió el Tashita.

La Plazuela de la Leña, cómo muchos años se le conoció, era entonces el recién inaugurado jardín Prof. Rafael Zamorano. Una de las casas con vista a ese pequeño jardín público es donde se elaboran las campechanas, los polvorones, los cocoles y el auténtico pan de queso[41Di].

Obviamente, doña Balbina Cabrera, la abuela del Tashita, igual que todos los habitantes del Tequis de hace ochenta años, ya se deleitaba con esas exquisiteces, pero el negocio ya tenía décadas de haber sido fundado. A principios del siglo XX, existió un jovencito llamado José Chávez, quien conocía el oficio a la perfección pues, siendo hijo de panaderos, creció entre sacos de harina y los mezclados aromas a levadura de la masa en reposo y del pan dorándose al calor de un horno de leña.

Para 1904, José empezó a experimentar con ingredientes, temperaturas y procesos hasta dar con las recetas que hoy celosamente guarda y recrea la familia.

[41Di] Dato inútil. Actualmente el pan de queso se asocia en automático con La Charamusca, que es un café muy famoso del centro de Tx, y es que, en efecto, ahí se vende mucho, por deliciosa, una versión moderna rellena de queso crema dulce. Sin embargo, en su modalidad tradicional es elaborado con queso de rancho, y dicho sea de paso también es muy sabroso. El gusto es el que manda.

Se dice rápido y parece fácil, pero las tradiciones, para que lo sean, requieren largo tiempo de maduración y mucho sudor acumulado. Por la entrada del pueblo, antes de amanecer, pasaban infinidad de jornaleros, ejidatarios que se dirigían al granero[42Di], y arrieros que, atraídos por las fragancias emanadas de la discreta panadería, se detenían para mercar el desayuno.

El negocio prosperaba, pero los vientos revolucionarios cambiaron las cosas, y entonces don José tuvo que salir con el canasto de pan recién horneado para ofrecerlo de puerta en puerta. ¡Y, claro!, a veces al regresar, sus hijitas, Elvira y Lolita, podían escoger una o dos piezas de pan frío del cesto.

Cómo la calidad se impone, llegó el tiempo en que más y más puertas se abrían a sus productos, pero no la suya, esta debía permanecer cerrada mientras don José repartía el pan, ahora no solo entre los vecinos, sino también en casas de descanso y posadas para el desayuno o merienda de los huéspedes. No pocas veces, los comensales deseaban regresar a sus ciudades de origen con una buena dotación de campechanas, polvorones y cocoles, así que sus hospederos les decían cómo llegar a la plazuela, siempre con la advertencia: "No esperen encontrar una panadería, toquen en la puerta azul de madera para que les abran".

Con el tiempo, Elvira y María Dolores se hicieron cargo del negocio, con la sabia consigna de no modificar las recetas ni abrir de par en par la puerta azul. Posteriormente, el señor Adolfo Hurtado Chávez y Rosalía, su esposa, hombro con hombro, tomaron las riendas para continuar con la tradición,

---

[42Di] Dato inútil. El primer granero ejidal se encontraba en la esquina sobre Niños Héroes; hoy alberga el restaurant Origens del chef Domenech, quien se esmera en rescatar los orígenes gastronómicos queretanos. El abuelo de Albert es protagonista de un momento estelar del tema del vino en Tx.

que tuvo que esperar hasta 2010 para llamarse formalmente Las Campechanas. Hoy cuenta con un letrero diseñado por el propio señor Adolfo, pero la puerta permanece cerrada y la tradición abierta —un romántico como yo esperaría ver esa puerta de madera y pintada de azul—.

Elena Poniatowska, en una colaboración especial para el libro *Tequisquiapan, Memoria Gráfica*[29] - (pág. 17), incluido en la bibliografía de este, hace una linda mención de sus recuerdos al respecto. Cito textual:

> *Mamá tenía sus adicciones… las campechanas y polvorones que se horneaban en una casa que además de caliente por fuera era caliente por dentro porque siempre estaba horneándose el pan y había que esperar en la puerta a que saliera.*

Balnearios y los primeros hoteles

Es de suponer que el canasto de las campechanas hiciera escala doscientos metros al oriente sobre la misma calle de Cinco de Mayo, para dejar un pedido de sus delicias en otro negocio legendario, llamado precisamente Las Delicias, unos antiguos baños que por ahí de 1933 habían adquirido don Luis Moreno y doña Elvira Mejía.

La doctora Somohano, autora del libro recién citado, nos da el antecedente de lo que podemos considerar como la primera piedra de la industria turística en Tequis: don Ernesto Perusquía (aquel que fue amigo de Venustiano Carranza), quizás sería el primer visionario que convirtió los baños de su regalo de bodas en algo que, propiamente, ya tenía características de hotel. Eso lo hizo allá por 1916, llamando El Relox al entonces novedoso negocio.

Pero no fue en sus albercas donde el Tashita aprendió a nadar; su abuelo, Senorino Ledesma, era administrador del balneario La Purísima, ubicado en la esquina de Morelos y el callejón de Las Flores. Otros balnearios fueron La Granja, El Neptuno y Las Delicias.

A la fecha, en el área urbana solo existe un balneario: La Vega, del cual, aunque ya ofrece servicio de hospedaje, el acceso a sus albercas no está condicionado al alquiler de habitaciones. El nombre de este negocio proviene del tipo de terreno donde se instaló. Una vega es un terreno bajo, llano, fértil y a la orilla de un río; por supuesto, así era conocida el área.

Agua por todos lados

Pero El Tashita no tenía necesidad de pagar o de limitarse a La Purísima para disfrutar del agua. En el Tx que le tocó vivir de niño, había muchas opciones gratuitas, como la presa y el río, pero, tratándose de termas, tenía a su alcance las numerosas pozas de la ciénega, que poco después se convertiría en el primer fraccionamiento de casas de campo de lujo: Manantiales del Prado, y por supuesto tenía a su entera disposición (por ser varoncito) a la madre de todas las pozas: La Pila.

Aquí, una descripción textual a cargo de don José Guadalupe.

> *Diario íbamos a la Pila. Era una chulada, a las siete de la mañana te trastumbaba… había como cuatro veneros grandotes, que aventaban la arena hasta arriba con el agua bien caliente, hasta vaporaba el agua. Teníamos nuestro temazcal antiguo. El agua era tequesquitosa. La Pila era pa' nosotros, pa' los hombres, y había otra pocita donde lavaban y se bañaban las mujeres, aparte del callejón del Piojito donde había seis o siete lavaderos de cantera.*

De la Pila manaba tal cantidad de agua, que alcanzaba sin problemas para la huerta de don Pancho Nieto; para las faenas de la hacienda, la corriente se convertía en la energía para accionar el molino[43Di], y después de pasar por el Piojito el líquido se iba al caño, que no era el drenaje, sino un canal que se traducía en más beneficios, esta vez para los terrenos de la vega, donde para entonces había parcelas ejidales.

La huerta y el portal Nieto

Después de nadar, al Tashita y sus amigos les daba hambre, pero eso tampoco era un problema: muy cerca de La Pila tenían la huerta, en la que, si bien era propiedad privada, la abundancia de frutas era mayor que el voraz apetito de la muchachada, por lo que la intrusión también pasaba totalmente desapercibida. El menú era extenso y la naturaleza lo cambiaba cuatro veces al año. Ese vergel se hallaba en el área que hoy ocupan el Mercado Municipal y los mercados de artesanías[44Di].

El dueño de la huerta era don Pancho Nieto; él expendía parte de los productos de la misma en el portal que lleva su apellido, puesto que también era el propietario de ese inmueble. Ahí vivía y tenía en la planta baja su tienda llamada La Ciudad de México. El frontis del edificio tenía un espacio volado soportado

---

[43Di] Dato inútil. Todos sabemos que la fuerza que requiere un molino para funcionar con corrientes de agua es proporcionada por ríos con buen caudal. El molino de La Pila era accionado con agua termal, lo que nos da una idea de la cantidad de agua que corría por esos canales.

[44Di] Dato inútil. De todos los árboles de esa zona, el único que sigue vivito y fruteando (cuando menos hasta la última revisión de este libro) es el gran nogal que se alza a las puertas de El Relox.

por una arcada. El portal Nieto se localiza en el jardín Hidalgo, al costado izquierdo de la iglesia, vista de frente, y fue el primer foco neurálgico del comercio en Tx, pues varios comerciantes ambulantes aprovechaban la sombra y la circulación de vecinos, en especial los domingos, día en que llegaban de todos los barrios y las comunidades a escuchar misa y hacer compras o trueques para la semana.

El Tashita conocía muy bien el inmueble por dentro, ya que su tía, Basilisa, trabajó para don Pancho muchos años; tiempo durante el cual se fue creando una relación de codependencia, al grado que la gente la trataba como si fuera su mujer (al parecer el patrón era divorciado). Don José Guadalupe nos cuenta que, a pesar de que el señor Nieto tenía mucho dinero, su casa no tenía nada de extraordinario: los muebles eran viejos, casi no había adornos, menos cuadros en las paredes; abajo había cuatro habitaciones y dos arriba; demasiado para un par de ancianos sin hijos.

Cestería, el mejor material en las mejores manos

La Revolución Mexicana orilló a algunas familias a cambiar su forma de subsistencia. En todo el país, parte de los campesinos pasaron de las faenas agrícolas a otras actividades. El mismo padre del Tasha, que era ejidatario, optó por migrar a la Ciudad de México.

La artesanía era una solución lógica toda vez que las aguas de Tequis propiciaban las condiciones para que hubiera una abundancia de materia prima de alta calidad. Así como en Tlaquepaque y Tonalá existe un tipo de barro que se presta para la alfarería, y en los bosques de Paracho se da una madera apropiada para fabricar guitarras, en Tequisquiapan la facilidad de recolección de varas de sauce blanco y raíces de ahuehuete determinó el preponderante desarrollo de esta actividad manual. Aclaración: es cierto que muchos otros materiales se prestan para tejer canastas, sombreros y otras utilerías, pero estoy hablando de una particularidad regional concedida por la naturaleza donde, además de abundancia, hay calidad.

A fin de cuentas, cuando coincidieron el material con manos hábiles dispuestas a producir mercaderías, Tequis se volvió "El Paraíso de la Cestería" (lo escribí con mayúsculas porque realmente fue llamado así; de metáfora a alias). Por supuesto, en el Portal Nieto se expendían todo tipo de cosas tejidas con fibras de la región, sólo que don Pancho pagaba a sus proveedores quintos por lo que valía veintes[45Di]. En el trueque del tianguis dominical se vendía poco o se cambiaba por cosas no tan necesarias para el día con día de los tejedores. Otra opción era la esquina de las Morales[46Di], una especie de mercado especializado que pronto atrajo acaparadores y timadores. Lo más rentable era llevar directamente a Chalma sus mercaderías, el problema era el tiempo empleado en la faena, así que el cuello de botella se hizo presente. Producto había, necesidad de él también, sólo faltaba el amplio punto de contacto entre vendedores y compradores. Aquí es donde uno más de los valiosísimos testimonios de viva voz con quienes tuve la fortuna de charlar entra en acción.

Don Silvestre Moran Reséndiz, quien al momento de la entrevista contaba con noventa y cinco años de edad, escarbó en

---

[45Di] Dato inútil. Dedicado a los lectores jóvenes. Los quintos y los veintes fueron monedas de 5 y 20 centavos usadas durante varios años.
[46Di] Dato inútil. Esa esquina era conocida así: las Morales, porque allí tenía su casa la prominente familia Morales Benoith, del barrio de la Magdalena, cuyas hijas, que destacaban por bonitas, tenían muchos pretendientes. Por cierto, el Tasha se casó con Edith, una de ellas.

sus lúcidos recuerdos referencias con las que trataré de contar una parte importante en la historia de la cestería en Tequis.

El relato empieza en 1940, cuando él había cumplido apenas trece años. Su padre, don Patrocinio Moran Trejo, a quien cariñosamente le llamaba su familia "el tío Pato", lo mandó a Tequis para ayudarle a su tía, Aurora. Resulta que los hermanos Moran Trejo habían detectado un nicho de mercado que, de paso, apoyaría a la ingente cantidad de artesanos de la región. Por las razones expuestas, los artífices tenían atestadas sus casas y corrales con productos terminados sin tener la posibilidad de desplazar sus inventarios rápido y a costos razonables.

Echando mano de sus contactos en la Ciudad de México, y organizando las mercaderías por tipos, tamaños y calidades, sin perder el control de cuántos y qué productos correspondían a cada tejedor, la señora Moran consiguió desplazarlos; primero poco a poco y después en embarques respetables con destino al gigantesco mercado capitalino de La Merced, e incluso se llegó a exportar a Japón.

Don Silvestre recuerda que en las mañanas los patios de la casa se atiborraban de manufacturas, y por las tardes se llevaban los bultos a la estación Bernal. Desde luego que había una justa retribución a quienes desatoraron el nudo, pero la cosa no paró ahí; infinidad de veces —comentó don Silvestre—, con apoyos de todo tipo, los artesanos se vieron favorecidos por la familia Morán.

Si el tema es cestería, en un capítulo llamado "Historia Viva", justo sería que un protagonista directo, es decir, un artesano, nos contara su testimonio.

Platicando con unos queridos vecinos la idea de enriquecer el tema de la cestería, me dieron el tip de un matrimonio que tiene un local en el Parador Artesanal Luis Donaldo Colosio. Como a mis amigos les consta que sus conocidos no son intermediarios, sino reales artesanos que expenden directamente sus creaciones, sin demora fui a buscarlos. Y pronto di con don Jorge Cruz, bueno, en realidad con doña Tele, su esposa, pero ella, sin dudarlo, me pidió mi celular (el número). Al día siguiente recibí una llamada, era él, un tejedor de la vieja guardia; le pedí una entrevista y me respondió:

—Le daré algo mejor, ¿mañana tiene tiempo? —A lo que fuera le diría que sí; entre otros obstáculos, la pandemia me había retrasado el proyecto por no poder realizar trabajo de campo.

—Claro, don Jorge, ¿de qué se trata?

—Mañana me entregarán un premio en Querétaro, véngase con nosotros, nos van a llevar en un camión del municipio y ahí en el camino le presento a otros colegas también galardonados, y nos vamos platicando.

Acepté la invitación. Durante el trayecto, que duró cosa de una hora, el señor Cruz me contó con vívida emoción algunos de sus recuerdos de infancia. Los comparto aquí, seguro de que constituyen una bucólica descripción de pasajes experimentados por no pocos ancestros de las familias de artesanos tequisquiapenses.

"Yendo a vender a Chalma", o de cuando un adolescente acompañó a su padre artesano a vender sus productos.

En ese famoso pueblo del Estado de México había (o hay) un mercado muy grande, pero como los viajes duraban unos 22 días, para que valieran la pena había que llevar no menos de doce atados; eso son muchas canastas atadas de tal forma que el volumen sea manejable. Esto compartió el protagonista:

Nosotros llevábamos seis burros; en uno cargamos las cobijas, los petates y el Cristo que nos cuidó; en otro llevábamos el agua y la comida; y en los otros cuatro las canastas. Donde nos agarraba la noche, nos dormíamos.

Sufríamos bastante, pero lo vendimos todito rápido y bien vendido.

Otra forma era en camión, de esos trompudos, los atados se echan en el toldo y transbordando se agarra en terracería por Acambay, Atlacomulco, La Marquesa y Chalma. Se dice fácil, pero en cada trasbordo había que negociar con el chofer y con algún otro pasajero que ocupara la canastilla del camión con su cargamento de pulque o guajolotes. Y luego cargar rápido, pero sin que se dañara nuestra mercancía o la de otros que también luchaban por su pan del día.

Hoy los artesanos cuentan con un canal para vender sin intermediarios. Me refiero a la Casa del Artesano. Este tipo de programas gubernamentales no son cosa novedosa, pero sus alcances van más allá de contactar en directo al artífice con el consumidor, especialmente con los turistas. Hay, por ejemplo, capacitación y actualización. En Tequis se instauró en febrero de 2015 y al decir de varios artesanos, hombres y mujeres con quienes pude platicar, a pregunta expresa aseguraron que cada centavo pagado por el cliente llega a manos del tejedor.

Volviendo a la historia viva, en este caso de la cestería, Jorge Cruz refirió que antaño tenían que ir a recolectar la vara podando sauces sanos, pero eso no se hacía "sin ton ni son": había que saber cómo no matar el árbol, o sea tener "ojo" para seleccionar las ramas, cortarlas, ponerlas a secar al sol y posteriormente uniformar el calibre mediante tallado. Si alguien a la ligera argumentara que la materia prima les salía gratis, estaría diciendo una barbaridad, pues durante el tiempo destinado a esa etapa en la que no hay ventas, también a ellos y a sus familias les da hambre.

Don Jesús Ugalde, artesano muy reconocido fue el primero en usar el moderno mimbre que hoy se utiliza en sus creaciones (dato proporcionado por el Sr. Cruz).

Un foco ámbar está encendido: cada vez hay menos jóvenes dispuestos a aprender el oficio, hecho que se entiende perfectamente y que indica que más temprano que tarde esta milenaria actividad humana ya no podrá contarse como historia viva.

El jardín Hidalgo original

De regreso a los cuarenta, cuenta el Tashita que casi diario con sus amigos, entre ellos El Ceguetas, Beto Ugalde y El Zamorano, este último descendiente directo del profesor, en torno al kiosco que sigue ocupando el centro del área, jugaban a la roña, a los encantados, al balero, al trompo o las canicas mientras —nos dice dibujando en su rostro una sonrisa un tanto melancólica—… "o esperar a que el dueño de la bicicleta se cansara pa mendigarle que nos dejara dar una vuelta".

Pero habrá que recorrer todo el perímetro del jardín Hidalgo, del que formaba parte el Portal Nieto para recrear las andanzas de nuestro guía.

Para empezar, el área no era peatonal como ahora: el jardín estaba rodeado de avenidas transitadas por vehículos automotores. Así, la avenida Juárez corría desde Las Crucitas, atravesaba el cuadrante principal pasando entre el atrio de la iglesia y el parque, seguía hacia lo que hoy es la Plaza Santa Cecilia, espacio donde entonces estaba ni más ni menos que la Presidencia Municipal, continuando con la Av. Juárez, esta se prolonga hasta convertirse en la calzada, paseo campestre lleno de grandes árboles que concluía en el Puente Viejo[47Di].

Frente al Portal Nieto se encontraba otra tienda, La Flor del Líbano, de don Manuel Jassen. En principio podría parecer que ambos comercios fueran competencia, sin embargo, no es así; otra fuente viva que gentilmente me ha nutrido de valiosa información, don Juan Domingo Reséndiz Chávez, nos refiere la enorme diferencia.

La Ciudad de México era la típica tienda de pueblo donde lo mismo se encontraba cambaya[48Di], que artículos de peltre, botones, petates, bridas para caballo, veladoras o maíz quebrado. En cambio, en La Flor del Líbano había vinos, embutidos, latería y quesos madurados. Ojo, ninguna de las dos tiendas era un «supermercado»[49Di]; en esa época, el pan solo se conseguía en las panaderías y la carne solo en las carnicerías. Sobre la banqueta se encontraba la primera bomba de gasolina para vehículos automotores.

[47Di] Dato inútil. En aquel entonces atravesar el río equivalía a salirse de Tequis; lo que hoy es la prolongación de la avenida Juárez antes era simplemente el camino rural que llevaba a la estación del ferrocarril, y a los barrios de la Magdalena y San Juan, estos eran considerados vecinos, pero no parte integral del pueblo. Hoy, por supuesto, constituyen la misma urbanidad.

[48Di] Dato inútil. Coloridas mantas artesanales tejidas en telares de pedal.

[49Di] Dato inútil. Un símil actual sería El Tribilín vs. La Habichuela.

Si hiciéramos un recorrido en ese punto para rodear todo el jardín, al desplazarnos hacia el sur circularíamos por Av. Morelos, a media cuadra iniciaría una arcada llamada Portal de los Ledesma, el nombre se lo dio una tercera tienda (ubicada donde ahora está el Oxxo) que tiempo atrás era propiedad del bisabuelo del Tashita, pero que cerró sus puertas.

En ese punto, dando vuelta de nuevo a la izquierda entramos al portal don Luis Ramírez, ese corredor corresponde a la Av. Niños Héroes y nos lleva a donde actualmente opera un banco, pero antes era el acceso al baldío de la ciénega llena de pozas. Si de nuevo giramos a la izquierda, avanzaríamos por Av. Independencia pasando por lo que hoy es el hotel Maridelfi, pero entonces era el Corral de Concejo[50Di], que ya en la niñez del Tashita funcionaba más como encierro de vehículos oficiales.

El palacio municipal

La arcada del corralón se extendía hasta la esquina pasando por la entrada principal de la presidencia. Desde el portal se podían ver al fondo los barrotes de la cárcel y por supuesto a los reos del momento.

El edificio que alojaba las instalaciones de la presidencia municipal fue demolido para dar paso a otro agradable rincón que hoy se conoce como Plaza Santa Cecilia.

[50Di] Dato inútil. El corral de Concejo es una reminiscencia medieval donde se encerraba al ganado suelto que se capturaba pastando en propiedades de otros dueños. Ya vimos que en Tx eso solía suceder. Cuando en la actualidad los mexicanos escuchamos la palabra "corralón", la asociamos con el terreno a donde la grúa se lleva a los carros mal estacionados.

Perdura a la fecha un gran debate sobre los pros y contras de la demolición del edificio. Opino que, a casi medio siglo del hecho, detenerse en el valor histórico o arquitectónico que se perdió con la casa del ayuntamiento no vale la pena. La nueva sede de las oficinas de Gobierno se trasladó a Los Sabinos, primero el municipio rentó en lo que se construía el edificio que, al parecer, fue donado por don Gonzalo Río.

El atrio del templo

El interés en este capítulo es el aspecto en que lucía el edificio a la vista del Tashita. Sus ojos nos remiten al pueblito de hace ochenta años. Dos son las consideraciones que resaltar: la existencia de un atrio rodeado por una reja cuyo frente daba al paso de la avenida Juárez y otro corralón en la esquina derecha para los animalitos ofrendados por los feligreses. Hoy el atrio cedió unos mil metros cuadrados a la gran plancha del jardín Hidalgo y en el área del redil se construyó el salón parroquial.

No logré confirmar que alguna vez en ese espacio hubiera una cruz atrial. En ninguna de las fotografías analizadas por mí, se puede identificar ese instrumento de evangelización del que ya hablé antes. Lo más probable es que el templo de Santa María de la Asunción no la tuviera dado que, a diferencia de otros recintos religiosos destinados a consolidar la conversión a la fe católica, como la Magdalena, los feligreses de La Asunción fueran católicos practicantes de origen, y no naturales en proceso de evangelización.

He declarado mi total ignorancia en cuestiones de arquitectura, sólo diré que las líneas rectas del templo le dan un carácter elegante al edificio, y con el espacio ganado a favor de sus observadores, ganó también el beneficio de la contemplación[51Di].

La escuela

A pocos metros del jardín Hidalgo, se encontraba la escuela; como ya dije, está justo frente a la casa del Tashita. Ese plantel es el mismo que fundó el profesor Rafael Zamorano.

Evidentemente, don Rafael Zamorano no le dio clases a mi cuate José Guadalupe, pero sí a Senorino Ledesma, su abuelo. Algo que no comenté en la semblanza del profe es otro logro notable: le heredó la vocación magisterial a su hijo, Salomón, quien sí le dio clases al Tasha. En suma, fueron varias las generaciones de tequisquiapenses que probaron las varas de membrillo que, según las usanzas de antaño, solían tener cerca de sí los maestros Zamorano... y todos los mentores de esa época ¡claro!

El recinto escolar fue reubicado en 1969 y nombrado Prof. Rafael Zamorano; por cierto, el nuevo plantel es el que aparece al final de la película de Cantinflas como el fruto de la lucha del protagonista. Según yo, la película es un tributo justamente al maestro Zamorano.

En 2018 se develó una escultura que conmemora a Mario Moreno y la historia que se filmó en Tx. Esta obra se encuentra en el inicio del corredor llamado «El Jardín del arte», al final del cual aparece la mencionada escuela que, por cierto, en noviembre de 2019 celebró su quincuagésimo aniversario con la presencia de don Santiago Greenham Hijar, quien, junto con don Salvador Michaus, fuera impulsor de su construcción en el nuevo emplazamiento.

[51Di] Dato inútil. Ya quisiera, por ejemplo, la catedral de Zacatecas otorgarle a sus visitantes la posibilidad de admirar la gran belleza de su fachada desde ángulos más cómodos y espaciosos.

Soplan los primeros vientos de cambio

A la muerte del acaudalado Pancho Nieto y posterior fallecimiento de la tía del Tashita, doña Basilisa, se desató una serie de conflictos legales por la sucesión testamentaria, con la participación de múltiples pretendientes hereditarios. Los principales inmuebles materia de los juicios eran La Huerta, el Portal Nieto y la propiedad frente al panteón, que más tarde don Gonzalo Río usó para fundar uno más de sus negocios[52Di]: el Hotel Río.

Una mañana amaneció todo el menaje de casa en la calle, producto de un desahucio judicial a causa de deudas bancarias no cubiertas. Las habladurías en el pueblo no se hicieron esperar, sin embargo, para efectos de la historia de Tx, el nombre de los declarados legítimos poseedores resultó irrelevante, pues poco después, el municipio protagonizó un acto de autoridad que marcó el gran hito moderno en la fisonomía y funcionalidad urbanas. Se trató de un decreto expropiatorio en beneficio de la población.

La huerta dejó de serlo para integrarse al trazado callejero donde se alojaron los tan necesarios Mercado Municipal y Centro Cultural, así como un área comercial que dio paso a los mercados de artesanías, uno llamado Telésforo Trejo y el otro Tequesquicalli (La casa del tequesquite), además de un corredor de pequeños locales.

En cuanto al Portal Nieto, sucedió que, atraído por sus encantos, un prominente financiero de la Ciudad de México, don José Antonio Cesar Sánchez, director del entonces Banco de Londres y México, se hizo del inmueble, que remodeló para

---

[52Di] Dato inútil. Recuerda el Tasha que don Gonzalo Río fue el precursor de los llamados "Taxivanes" en Tequisquiapan.

ser usado como su casa de campo. Hoy la legendaria edificación aún existe, pero no es ni tienda, ni casa particular sino el bonito hotel Plaza.

Más o menos por la misma época, La Pila dejó de ser servidumbre de la Hacienda Grande para transformarse en parque público.

CAPÍTULO VIII

HISTORIA VIVA DEL TEQUIS EN EXPANSIÓN

Aromas románticos, "segunda bonanza"

E sta época abarca las décadas de los años cincuenta a ochenta del siglo pasado (Nota: Recuérdese que para beneficiar la claridad de la narración hay aquí menciones de hechos ocurridos en otros momentos). En los albores de ese periodo, Tequisquiapan empezó a experimentar una transformación que se tradujo en su propia época dorada.

Un creciente arribo de visitantes motivó el desarrollo urbanístico… o fue al revés, ¡qué más da!, el caso es que se produjo un círculo virtuoso que se tradujo en derrama económica, y esta en esplendor. Las huellas de esos tiempos hoy saben a nostalgia.

Sin orden de importancia, trataré de desentrañar los más relevantes factores involucrados.

Salvador Michaus

Continúa el linaje de doña Guadalupe Velasco, una de las más prominentes propietarias de la Hacienda Grande. Ella y su marido Miguel Michaus fueron bisabuelos de Salvador.

Don Salvador Michaus también dejó profunda huella y le agregó lustre a su apellido cuando, siendo cadete del Heroico

Colegio Militar, formó parte de la escolta del presidente Francisco I. Madero en aquella significativa Marcha de la Lealtad de 1913; es decir, fue uno de los leales por los que el episodio quedó grabado para siempre en la historia de México.

Salvador Michaus fue presidente municipal de Tequisquiapan en dos oportunidades: 1961 – 1964 y 1967 – 1970.

No puedo dejar pasar lo que en voz del Tashita percibían de su calidad humana quienes lo conocieron:

Don Salvador era un señor muy pulcro, diario salía a la calle con sombrero, con bastón, andaba siempre bien vestido, los zapatos bien boleados. Era muy respetuoso. Les daba el paso a las mujeres, aunque fueran pobrecitas.

Las casas de campo

Familias como Poniatowski, Greenham, Cordera, Galas, Cesar, Portilla, Parodi, Miller, Yaka, Kahwagi y varias más cuya referencia no llegó a mi recolección de datos, a las que se agregaron otras muchas de apellido menos ilustre, pero con capacidad de adquirir y remodelar o construir magníficas residencias de descanso, le agregaron belleza a las calles y *glamour* al pueblo entero. Algunos montaron en la fachada, como romántico adorno, una placa que le da a la propiedad carácter de quinta[53Di], y como es costumbre que estas tengan nombre, uno significativo para la familia se agrega bajo la palabra quinta. Ser propietario de la Quinta Fulanita con venero de aguas termales integrado no era cosa común, ni siquiera en las más afamadas ciudades balneario de Europa.

El Tasha, convertido ya en carpintero, hizo trabajos en varias de esas casonas. Recuerda en especial el comedor que reparó para don Santiago Greenham y las ventanas y puertas de la cabaña anexa a la casa de los Poniatwski. Cito palabras textuales de El Tasha a propósito:

Elena era bien bonita, conocí a doña Paula y a don Juan. Yo iba mucho a su casa porque yo le hice muchos trabajos. No eran alzados.

La experiencia de El Tasha nos retrata a esos visitantes que, enamorados de Tequisquiapan, decidieron construir aquí su casa de descanso, con lo cual contribuyeron con una creciente derrama económica, pues demandan bienes y servicios.

Los fraccionamientos

Con el mismo gancho quintero, empresarios con visión adquirieron predios de dimensiones considerables para fraccionarlos y desarrollar complejos residenciales atractivos. No pocas de las nuevas casas tendrían su propia poza de agua termal funcionando y compartirían un respetable jardín con alberca. Así nacieron Manantiales del Prado en lo que por muchos años fue una ciénega infestada de mosquitos, y su principal acceso da ni más ni menos que al jardín Hidalgo. Mi principal informante para elaborar este libro, el Tasha, trabajó ahí instalando ventanas de las residencias.

Los Claustros, que se fincó dentro del recodo del río San Juan, Villas del Sol, el primero en la Magdalena y, por tanto, el arquetipo de viabilidad financiera para el desarrollo inmobiliario en este barrio y también en el de San Juan.

[53Di] Dato Inútil. En España, cuando una finca rural se arrendaba, el pago —como reminiscencia medieval— correspondía a una quinta parte de la producción. Con el tiempo se llamó quinta a todo el terreno. El quintero construía su casa ahí mismo, generalmente era rústica, pero más grande y cómoda que las del resto de los labradores de las cercanías. Al deshacerse el trato, el dueño del terreno, ajeno a las labores agropecuarias, usaba la construcción como casa de campo. En México, partiendo de esa historia, el término "quinta" es sinónimo de casa de campo con un toque de alcurnia.

A lo largo del tiempo se han construido numerosos fraccionamientos, como Quintas de la Viña, Rivera de los Sabinos con sus encantadoras casas estilo inglés, los conjuntos de tipo campestre como Granjas Residenciales, fincado en lo que fuera el rancho San José de Guadalupe, Los Viñedos, resultado de fraccionar una propiedad de la casa Martell (me refiero a la productora del coñac más fino del mudo, no a la de *Game of Thrones*) y los Ciervos; también los conjuntos émulos de suburbio gringo, pero a la mexicana, como Haciendas de Tequisquiapan y el *sui géneris* en estas tierras Club de Golf.

En fin, la proliferación inmobiliaria sin prisa y sin pausa contribuye a la evolución de la fisonomía del moderno Tx, pero conviene tener en mente que los nuevos asentamientos urbanos emergen en sitios donde antes sucedió algo digno de contarse, o sea lugares con historia.

El boom hotelero

La oferta corresponde a la demanda, pero en ciertas condiciones especiales, a veces una región se erige como meca, y en Tequis sucedió. La presencia de figuras públicas, sobre todo del medio artístico, y la fiesta brava convirtió, de cierta manera, a este pueblo en la meca de las aguas termales en México. Algo así como la versión mexicana del francés *Évian-les-Bains*.

Aunque el término *spa* no se había acuñado, sí que se acondicionaron como tales aquellos balnearios que se fueron transformando en hotel. Me refiero a La Granja, cuyo propietario era don Eugenio Mendoza Macotela, El Relox, de don Ernesto Perusquía, Las Delicias, de Toño Moreno, y El Neptuno, de don Salomón Mejía. A estos se fueron sumando negocios que nacieron directamente como hotel. Ellos son, entre otros, El

Maridelfi, La Posada Tequisquiapan, del Ing. Adolfo Frías, y El Virrey, de las señoras Bertha y Elia, con quienes el Tasha trabajó varios años, La Posada de los Mezquites, La Querencia y El Hotel Río, de don Gonzalo, y Las Cavas, que, por cierto, de acuerdo con información del cronista Juan Carlos Hernández Nieves, en la década de los ochenta del siglo pasado perteneció a la cadena Presidente.

En esa época, el Tasha llegó a ser salvavidas sustituto del hotel Las Delicias. Pero uno de sus recuerdos más emocionantes fue cuando se improvisó una pista aérea en los llanos que hoy ocupa la colonia López Mateos. De vez en cuando aterrizaban avionetas cuyos pasajeros podían ser empresarios o toreros. Durante unos meses, una de estas aeronaves generó más expectación, y es que el piloto era el mismísimo Pedro Infante. Dice el Tashita que antes de avistar el aeroplano toda la muchachada —chicas inclusive— salía corriendo y atravesaba la carretera a Ezequiel Montes para tratar de llegar antes al lugar. Los niños gozaban presenciando el aterrizaje, y para las chicas lo importante era ver de cerca al ídolo cinematográfico del momento… ¡ya imagino el griterío!

Las muchachas Perusquía

Las tertulias de El Rélox fueron legendarias. Estas fueron impulsadas por una de las hijas de don Ernesto Perusquía, que, como vimos, había convertido el balneario en hotel y ahora las circunstancias lo hacían ver como *la crème de la crème*. Las chicas, además de muchas, eran guapas, entusiastas, acaudaladas, muy aficionadas al teatro y la farándula.

Ellas, las mayores, atrajeron hacia Tx a Pedro Infante, quien pretendía a Rita[56], pero como era divorciado, vuelto a casar y tenía hijos con otras dos mujeres, el argumento de que ya estaba separado de Irma Dorantes no le valió para la aprobación de doña

Lola. Aún así, Tequisquiapan fue escenario de varias serenatas llevadas por el enamoriscado actor.

Un dato que pocos saben es que en Tequis alguna vez hubo Carnaval. La convocatoria para la participación de las comparsas era abierta a todos los vecinos. Por supuesto, una de las Perusquía, Dinorah, no se quiso quedar fuera; buscó al indicado y le dijo: «¡Ándale Tashita, "traite" a tus amigos y la armamos!»... "La rumbera y sus percusionistas" quedaron en segundo lugar.

Más tarde, un director teatral, Eduardo del Valle, probablemente con el mecenazgo de la familia Perusquía, montó varias obras de teatro con la participación de jóvenes tequisquiapenses. Casualmente algunas de las chicas Perrusquía protagonizaron obras como La Dama del Alba, donde el Tasha salió en escena representando un sanjuanero (un músico).

Cinematografía

Con la película Allá en el Rancho Grande (1936), el cine mexicano empieza a ser admirado internacionalmente. A principios de los cuarenta, varios estudios cinematográficos se habían instalado en la CDMX, al tiempo que la producción hollywoodense se vio muy disminuida con la Segunda Guerra Mundial. La combinación de hechos propició el esplendor y la proliferación de estrellas, siendo Pedro Infante la figura máxima, quien al ser asiduo de Tequis atrajo, a su vez, en pléyade a los más famosos de la farándula mexicana de los años cincuenta.

Algunas celebridades que le dieron tono glamuroso a Tx fueron Ernesto Alonso, Pedro Vargas, Los Churumbeles de España, Lola Beltrán, Miguel Aleman Jr., Francisco Gabilondo Soler Cri-crí, José Alfredo Jiménez, Miguel Aceves Mejía; algunos incluso se mudaron, como Jorge Marrón, mejor conocido como Dr. I.Q., y Alejandro Parodi. También llegaron Lupita D'Alessio, Mario Moreno «Cantinflas», Jorge Lavat y Jacqueline Andere, entre otros de una larga lista. Los últimos dos mencionados protagonizaron una película que tuvo locaciones en el flamante salón Santa Mónica, ubicado en lo que fuera la tienda del señor Jassen (esquina noroeste del zócalo municipal). En esa cinta, nuestro Tasha apareció como extra.

La cinta más famosa de todas fue El Profe, con Mario Moreno «Cantinflas».

Los afamados toros de Tequisquiapan

Empresarios y periodistas taurinos también se dieron cita en Tequis por aquellos años, y lo siguen haciendo, aunque la mayoría de estos no como huéspedes de los hoteles, sino de los ganaderos de toros bravos.

Es un tanto intrincado el tema de las ganaderías y sus denominaciones, sin embargo, es parte de la historia relativamente reciente del pueblo, por lo que lo juzgo ineludible. Fernando de la Mora Madaleno ya había colocado la primera piedra de la tradición taurina, ahora toca el turno a Fernando de la Mora Ovando (tercera generación), quien con toros de la Ganadería Tequisquiapan funda en 1959 El Salitrillo. Aunque la instala en Tecozautla, Hidalgo, no deja de ser referente de ganadería tequisquiapense por la cercanía, el origen y la "marca" Fernando de la Mora.

Curiosamente, con otra ganadería de gran renombre sucedió algo inverso: Xajay inicia durante los veinte en Santa Rosa Xajay, San Juan del Río, pero hoy opera en la Laja, Tequisquiapan.

En la actualidad las cinco ganaderías de toros de lidia continúan fortaleciendo el prestigio taurino de la zona: La Laja

(1923), Villar del Águila —Xajay— (1963), Paraíso Escondido (1990), Toros de Santillán (2017) y una más sin denominación que gestiona en el rancho El Salitrillo (2018).

Hoy, si alguien googlea «Ganadería Tequisquiapan» obtendrá el resultado de un negocio que funciona en Tepeji del Río bajo la denominación El Zapote[57].

A finales de los años noventa, se instituye la Feria del Toro de Lidia Tequisquiapan. Quisiera dejar claro que aquí me abstraigo de hacer juicios de valor con respecto al maltrato animal, sólo pretendo asentar hechos insoslayables.

El queso

El queso es uno de tantos comestibles que existen por azar, su origen no es americano y las variedades, por lo menos en la antigüedad, no son resultado de la búsqueda de sabor, sino de la necesidad de un método de conservación. La evolución de estas técnicas produjo que a lo largo del tiempo se fortificara el aprecio por el consumo de este producto, lo que hace impensable que los españoles no introdujeran el lácteo en el nuevo mundo.

Desde luego, hay que reconocer que Tequisquiapan no es especialmente famoso por sus quesos; los hay, claro, y además de muy buena calidad, pero a lo que me refiero es que, por decirlo así, no hay un queso "con denominación de origen", como Oaxaca, Chihuahua, Chiapas o Cotija, no obstante, ya veremos razones que justifican plenamente que esta plaza sea el punto de partida de la ruta del queso y el vino.

En los años de niñez y juventud del Tasha no había queserías, como ya había apuntado; cuando todavía existía la tienda La Flor del Líbano, ese era el proveedor adecuado para los quesos madurados, pero por supuesto con una clientela muy específica.

El queso que de común se consumía, el de los pambazos, las enchiladas o el de las quesadillas, era fundamentalmente el que los estableros procesaban con los excedentes de su producto principal. Los vecinos que gustaban del queso lo conseguían con su lechero, y si este no tenía, no había más que de una sopa: acudir a la Hacienda Grande, que en una escala mayor, elaboraba buen queso cuando no vendía toda la leche del día. Pero vamos avanzando en el tiempo y, para los setenta, esa situación cambió.

Sucedió algo cuyo relato inicial dejo en pluma de Sergio Antonio Quiroz reproduciendo aquí un fragmento de su breve reseña titulada *Quesos Quiroz, una Historia muy Familiar.*

> *Así como es imposible contar la historia de Tequisquiapan sin mencionar su río, sus manantiales de aguas termales y las personalidades que solían visitarlo; no podemos dejar de aludir aquellos personajes, familias y comercios que encontraron en este entrañable pueblo de entonces un lugar para echar raíces y hacer vida; compartiendo con su gente y sus tradiciones.*
>
> *Tal el caso de la formada por don Manuel Quiroz, doña Mercedes Suárez y sus ocho hijos que, recién estrenada la primavera de 1972, encontró en Tequisquiapan un lugar próspero para vivir, pero, además, para compartir algo especial con sus habitantes y visitantes: una receta artesanal y única de hacer quesos[58].*

Le solicité autorización al autor para compartir parte de su texto por varias razones: se trata de historia viva expresada por un protagonista, está bellamente construido, sintetiza reforzando —siento— conceptos expresados en este libro y refiere el feliz acontecimiento de que en Tequis ya se podía adquirir queso en una quesería.

El punto parece intrascendente, pero analizándolo podemos ver que marca un hito; no es lo mismo convertir tu leche no vendida en queso para evitar mermas, que producir queso como producto objetivo; es obvio que ¡si lo haces, es porque sabes cómo darle mucho mejores atributos! ¡Y vaya que la familia Quiroz sabía cómo agregarle valor! Rápidamente se posicionó en el mercado y, por si fuera poco, lo hizo como pionera en vísperas de la instauración de una feria que le daría al pueblo entero un prestigio en la materia, me refiero, desde luego, a la Feria Nacional del Queso y Vino.

Contratado por una empresa llamada El Sauz, llegó a México desde Suiza un experto en productos lácteos para producir helados. Al parecer el proyecto no prosperó y, como lo suyo eran los quesos madurados, y seguramente enamorado de este país, decidió fabricarlos por su cuenta. Walter Schumacher se asentó en Tequisquiapan aunque su producción no estaba destinada al mercado local; Quesos Walter llegaron a ser buscados por los turistas y parte de la población. De cualquier manera, las condiciones económicas del país no propiciaron el desarrollo de los quesos tipo europeo. Ciertos problemas de salud lo llevaron a cerrar su quesería y entonces puso una granja de borregos finos, aunque regresó al negocio de los quesos estableciendo los Quesos Tommy. Es probable que su espíritu emprendedor lo llevó a ser pionero en los recorridos temáticos.

Para concluir este segmento es preciso mencionar a la estirpe Alonso. La simiente fue don Vidal Alonso Lavin, empresario cantábrico inmigrado a México, que compró una vaca, aprendió el oficio y fundó la Hacienda de la Soledad en cercanías de la Ciudad de México; luego se mudó al estado de Querétaro, donde su hijo, Vidal Alonso Idrac, continuó con el negocio. Fue proveedor de la principal materia prima de Quesos Quiroz, hecho que derivó en la fundación, a cargo de su hijo, Fernando, de una de las queserías más influyentes en estas tierras; si bien es en el vecino municipio de Colón donde se fabrican sus prestigiados productos con la marca Vai (Vidal Alonso Idrac), Tequisquiapan, con su para entonces consolidada vocación turística, capitaliza buena parte de sus iniciativas empresariales.

El segundo boom del vino

Como vimos antes, el vino lo introdujeron los españoles; en su avance tierra adentro, la vid encontró mejores condiciones de cultivo donde empieza el semidesierto (léase *Los valles centrales de Querétaro*). Sin embargo, hay que decirlo, durante siglos, diferentes circunstancias impidieron especialmente en Querétaro un desarrollo adecuado y generalizado.

Al revisar esta sección del libro percibí la frialdad que una historia viva no debería tener. Algo faltaba, pero yo no sabía qué. Afortunadamente, una revelación —no mía, sino de mi hijo, Rodrigo— me llevó a realizar una actividad de campo elemental: contactar con las vinateras del municipio y con otras cuya labor repercutió en el mismo.

Así pues, con las medidas sanitarias correspondientes, ya que estábamos en plena pandemia del Covid 19, toqué la puerta de algunos productores; de ellos, sólo uno la abrió —no lo interpreté como desdén, sino como prevención. No insistí—.

Estos negocios forman parte de una historia que se está escribiendo, por lo que deseo introducir en el tema presentando al fundador de Vinícola San Patricio, actual decano del vino en Tequis. Se trata del señor Alberto Rodríguez González, quien, durante más de cuatro décadas de trabajo enológico y una enorme pasión por lo que hace, es un protagonista de los segundo y tercer boom del vino, es decir, es actor principal de dos renacimientos de esta industria en Tequisquiapan. Él es ingeniero químico azucarero y alcoholero por la UDG (Universidad de Guadalajara), yo no tenía ni idea de que esa profesión existiera, pero el dato, sumado a las credenciales que mencioné antes, me inclinó a solicitarle que me compartiera información y su experiencia personal. Así obtuve la materia prima fundamental que utilicé para redactar estas líneas. Su entusiasta aceptación es una muestra más del afortunado título del capítulo VIII de esta obra, *Historia viva del Tequis en expansión*.

Ahora, los datos que previamente conseguí de fuentes documentales se convierten en refuerzo de las largas charlas sostenidas entre gigantescos tanques de acero colmados de mosto en maceración, jugos fermentándose y vino joven en reposo.

La historia del segundo boom del vino específicamente en Tx va así: Fue hasta pasados los años de efervescencia revolucionaria, cuando en México se reinician producciones vinícolas comerciales en un proceso que tardaría treinta años para empezar a mostrar viabilidad. Por cierto, la influencia de la Madre Patria juega nuevamente un papel en este cuadro, pues los inmigrantes ibéricos, a raíz de la Guerra Civil Española, reviven el interés por el consumo de las dos bebidas fermentadas más populares del mundo (la otra es la cerveza).

En los años cincuenta, se plantan en Tequisquiapan los primeros viñedos del segundo boom del vino, aunque en honor a la verdad, en aquel momento no tenían por finalidad proveer vinícolas, sino destiladoras productoras de brandy. La razón es evidente: los mexicanos tomábamos muy poco vino, menos de 250 ml per cápita[54Di], y en cambio las «cubas mexicanas» se

---

[54Di] Dato inútil. Hoy seguimos bebiendo muy poco vino per cápita en comparación con países europeos, a pesar de que el consumo ha crecido seis veces.

preparaban preferentemente con brandy. A principios de los años sesenta se instala en Tequisquiapan Sofimar, una marca de Martell productora del brandy Cheverny, con la clara intención de competir con Domec. Como quiera, la expectativa del sector era que gradualmente creciera el gusto por el vino.

A escasos ocho kilómetros, en 1970, el viñedo Los Rosales inicia sus operaciones; seguramente para entonces ya había otros campos con parras, sobre todo ejidales, lo importante de este dato es que el viñedo Los Rosales perdura hasta nuestros días, y no sólo eso, desde 2011 también produce su propio vino, que desde luego es un producto 100 % tequisquiapense.

La Feria Nacional del Queso y el Vino

En 1973, don Guillermo Vela, conductor jubilado de Tele Sistema Mexicano ya avecindado en Tx, el señor Raúl Casillas y el presidente municipal, José Antonio Pérez Mendoza, fueron los que tuvieron la idea, o al menos la concretaron, de la Feria Nacional del Queso y Vino.

Como primer paso, ellos se acercaron a Quesos Quiroz, que era en ese momento la única productora formal de queso en Tequis, para ofrecer que la marca fuera la embajadora oficial del evento. Don Manuel Quiroz declinó. Es probable que en el pueblo la empresa fuera criticada por la displicencia, pero en cambio, sí aprovecharse de la coyuntura vendiendo más con el flujo inusual de turistas dispuestos a comprar queso.

Como a veces sucede, las apariencias engañan, y no se trató de un desdén; cualquier empresario sensato abría accedido a que su marca abanderara un evento de tal magnitud. Lo que sucedió fue que desafortunadamente la fábrica tenía muy poco tiempo de haber iniciado sus actividades formales, de modo que no tenía aún el nivel de producción como para hacer frente a una enorme demanda aislada, no obstante, toda la familia Quiroz, con gran entusiasmo y en conjunto, igual que como iniciaron el negocio, apoyó, pero de otra forma, es decir, no como empresa quesera. Más adelante relataré ese episodio.

La remodelación del jardín Hidalgo

En 1973, el señor José Antonio Pérez Mendoza, presidente municipal y sucesor de Telésforo Trejo, decidió hacer la remodelación que le dio la apariencia actual. Su aspecto anterior era quizás menos práctico para fines turísticos, pero con sabor más campirano. La controversia de opiniones sigue muy vigente entre la gente mayor, esa que ha vivido en los dos mundos.

La obra tenía por objetivo lograr un espacio más ameno y seguro para los vecinos y los visitantes, un lugar donde las familias pudieran pasear sin preocupaciones. A juzgar por el ambiente que se respira los fines de semana en una plaza amplia y exclusivamente peatonal, el propósito fue alcanzado; sin embargo, algunos piensan que el precio fue alto, pues junto con gran cantidad de árboles se derrumbó la autenticidad urbanística de un pueblito mexicano.

Además de convertir en peatonales las cuatro calles en torno al jardín, el atrio enrejado de la parroquia, como ya había apuntado, aportó varios metros al conjunto y ni hablar del edificio que alojaba las instalaciones de la presidencia municipal; cómo lo señalé antes, este fue demolido para dar paso a otro agradable rincón al que se le llamó Plaza Santa Cecilia. Lo incuestionable, insisto, es que muchas familias, parejas y grupos turistean con mayor parsimonia que si el espacio no fuera peatonal.

El centro geográfico, el obelisco

Independientemente del origen y justificaciones de este distintivo tequisquiapense, me parece muy afortunado el cacareo de ser el centro de nuestro México tanto por razones turísticas como por orgullo local.

En 1978 se aprovechó un espacio ideal para alardear que Tequis es, por decreto de un presidente prócer, el centro geográfico del país. La verdad es que, séalo o no, es totalmente irrelevante, pero ayuda a generarle razones al turista para hablar más de su paseo.

Este emplazamiento se trata de un rincón del pueblo que ya había mencionado, pero lo pasé de largo porque estaba tratando otro tema. Me estoy refiriendo al triángulo formado por el cruce de tres calles justo a la entrada del centro de la ciudad; ahí por donde hoy pasan a pie o en vehículo gran cantidad de personas, incluidas las bandadas de turistas que no cesan de llegar. En el siglo XIX, quienes pasaban y se establecían provisionalmente eran los vendedores de leña. Esa es la razón por la que se le conoció como la plazuela de la leña.

En 1944 se le asignó la nomenclatura «Jardín Prof. Rafael Zamorano»[7] para honrar muy merecidamente al gran educador tequisquiapense. Sólo treinta y cuatro años se llamó así, y aunque la decisión sigue siendo cuestionada, lo cierto es que en la actualidad, de manera oficial, el emplazamiento se denomina "El Centro Geográfico".

El pequeñísimo jardín fue adornado con un singular obelisco. La ingeniosa obra es un trípode de cuyo vértice desciende una plomada gigante que señala el centro de la silueta de la República mexicana.

Recientemente fue cercado el acceso al punto central, y se entiende, pues el péndulo a veces era usado como columpio. Por ello se hace conveniente describir la idea del diseño.

Labrado en cantera, un altorrelieve de la silueta de la República mexicana parece emerger de una superficie convexa del mismo material, que a su vez da la impresión de ser una minúscula parte de la curvatura del globo terráqueo surgiendo del suelo. Es una pena que ya no se pueda apreciar en plenitud.

A mí me parece que el conjunto arquitectónico sugiere atinadamente, aunque no sea del todo realidad, que justo en la precisa localización donde apunta la plomada es donde se encuentra el núcleo del contorno de la República mexicana.

He escuchado quien asegura que el 21 de marzo a las 12:00, la sombra del péndulo se centra en el mapa de piedra. No es verdad, yo lo constaté durante el equinoccio de primavera del 2019.

Obligatorio buscar la placa que declara:

Viajero:

ESTE ES EL CENTRO
GEOGRÁFICO DEL PAÍS.

Durante el Constituyente 1916-1917, el primer jefe del Ejército Constitucionalista, encargado del Poder Ejecutivo Federal, don Venustiano Carranza, en sus frecuentes visitas a Tequisquiapan, donde por la bondad de sus aguas recuperaba las energías y previos los estudios dictó el acuerdo para que este punto sea el CENTRO GEOGRÁFICO DEL PAÍS.

Este pueblo de Tequisquiapan, te recibe con afecto y hospitalidad, esperando que tu estancia sea placentera y tengamos la oportunidad de atenderte en un pronto retorno.

Tequisquiapan, mayo de 1978.(sic)

El centro cultural

Aquí el apellido Michaus debe volver a mencionarse; ahora Gloria, hija de don Salvador, protagoniza el siguiente párrafo que tomé textual de la pluma del cronista Jorge Vega Olvera.

Corría el año de 1990, cuando la estimada Señora Gloria Michaus Fernández, advertía la falta de un lugar especial para que la población del municipio pudiese aprender, fomentar y enriquecer su acervo cultural; fue tocando puertas y puertas entre la clase política, hasta que el Presidente Municipal, el Ing. Salvador Olvera Pacheco, le ofreció todo su apoyo, logrando contactar con el Gobernador del Estado, el Lic. Mariano Palacios Alcocer, a quien le pareció excelente la idea de tener un lugar para la cultura de Tequisquiapan, gozando la inauguración del edificio por las Autoridades mencionadas el 30 de Mayo de 1991. [7 - (Pág. 113)(sic)]

Cabe mencionar que, aparte de su espléndido propósito cultural, la casona que lo alberga y el jardín que la rodea son muy bellos. Se encuentra casi frente a la entrada principal del Parque de la Pila.

Club de golf Tequisquiapan

Especial mención merece este tópico en virtud de que ni es un fraccionamiento de lujo, ni es una instalación deportiva de gran calado; es las dos cosas. Allá por 1974, aprovechando el auge de Tequis, inversiones inmobiliarias auspiciadas por el entonces orgullosamente mexicano Banco Nacional de México, Banamex adquirió al norte de la cabecera municipal un enorme predio otrora parte de la Hacienda Grande para darle vida a un ambicioso proyecto inmobiliario.

El fraccionamiento y el propiamente dicho Club de Golf son entidades jurídicas independientes, sin embargo, al mismo tiempo se iniciaron las obras. En esa época, México gozaba de estabilidad económica, pero se acercaban turbulencias financieras.

El campo de golf de solo nueve hoyos, pero diseñado por Joe Finger[55Di], se trazó en un espacio de cinco hectáreas. Años después se extendió a dieciocho. El plan de negocio, como era de esperarse, fue dirigido para un mercado medio-alto/alto. Y se situó, con mucho, como el complejo residencial más grande del área urbana de la cabecera municipal.

1976 marcó el inicio de una larga inestabilidad económica, de manera que, al igual que en todos los ámbitos nacionales, se tuvieron que sortear recurrentes oleadas político-económicas. Cinco años transcurrieron hasta que un grupo de inversionistas concentró la tenencia de una buena cantidad de lotes y construcciones, cuyos originales propietarios revendieron ante la crisis. En automático, con los inmuebles se tomó el control accionario del Club de Golf. En mayo de 1982 se constituyó la Asociación de Colonos que desde entonces opera la administración del conjunto.

En cualquier tema hay opiniones contradictorias, pero un hecho incuestionable es que Tequisquiapan puede, a la par de grandes destinos turísticos y ofertas residenciales, incluir en su menú un club de golf.

[55Di] Dato Inútil. Joe Finger fue uno de los más reconocidos arquitectos de golf del mundo. Sólo esa credencial hace atractivo un campo a golfistas experimentados.

CAPÍTULO IX

ALTRUISMO

Honrar o no honrar, esa es la cuestión

A bordar este tema mencionando nombres es muy injusto cuando se omiten benefactores, ya que, sin importar el tamaño de su generosidad o su bolsillo, todos ayudaron, incluso aquellos cuya cooperación no fue en dinero. Por otro lado, no reconocer explícitamente a quienes hicieron cosas buenas es ingrato.

Ante la disyuntiva, yo opto por la segunda con la debida disculpa de mi parte a otros bienhechores con grandes méritos a quienes, por mi ignorancia, no aludí.

El Club de Leones

Poco se ha escrito del tema, a pesar de que la institución ha sido de gran ayuda para la sociedad tequisquiapense. Al decir de don Alberto Moreno, propietario de Las Delicias y dos veces presidente del organismo, el Club se fundó aquí «cuando Tequis carecía de todo»; por ejemplo, se construyó el Centro de Asistencia Social, donde se daban consultas médicas gratuitas; se prestó el local para que operara el jardín de niños; se rescató el edificio reconstruyendo las ruinas de lo que era la capilla de indios La Santísima, que tenía decenas de años en abandono; se han donado almuerzos escolares, cobertores y juguetes en invierno... En fin, mucha labor social.

Don Alberto refiere también que el gobierno del estado había prometido que la donaría al Club, pero al final entre todos los socios tuvieron que pagar por el inmueble. Hoy ya se le están ofreciendo al pueblo esas instalaciones para beneficio de la comunidad.

El instituto se constituyó en 1954, siendo su primer presidente el Ing. Adolfo Frías, pero también lo fueron Mr. Greg, el señor Morato, Alejandro Ugalde, Jesús Landaverde, Javier Nieves. El señor Moreno recuerda con mucho cariño al señor Miller. Dice de él: «fue un alma irrepetible en este mundo... fue el alma del Club, sin el señor Miller no hubiera funcionado», estaba pendiente de las necesidades que iban surgiendo, por ejemplo, en una ocasión consiguió instrumentos con su paisano Verkamp para que un grupo de muchachos no anduvieran de vagos. Ahí fue cuando el Tasha fundó el conjunto musical Los Cachorros, que animaron innumerables bailes organizados por la institución. Fue el trato que se les ofreció: el Club les proporciona los instrumentos y ustedes, de cuando en cuando, tocan para la gente.

Hoy el Club de Leones sigue en activo. Desconozco su programa de iniciativas filantrópicas vigentes, pero sé que ofrece talleres de cestería y tallado de madera.

Don Santiago Galas y el padre Pérez Esquivel

Después de visitar Tequisquiapan por primera vez, don Santiago Galas decidió construir aquí su casa de descanso. Esa historia se ha replicado innumerables veces con los enamorados de los encantos del pueblo. Yo mismo soy de esos, pero esas decisiones personales nada tienen que ver con altruismo, sólo que en algunos casos —y el que me ocupa en este punto es un gran ejemplo— tienen un impacto superlativo.

Nos cuenta el Tasha que los domingos terminando la misa don Santiago era abordado por el padre Manuel Pérez Esquivel para comentarle sus proyectos piadosos sabiendo que, por supuesto, encontraría eco en una cartera generosa. El párroco, según me refirió mi amigo José Guadalupe Rivas, recurría con frecuencia a saludar «casualmente» a personajes como don Arturo Domínguez, don Salvador Michaus y varios más del mismo perfil.

Uno de los legados más significativos del legendario religioso fue conseguir a mediados de los sesenta el terreno para construir ahí una escuela. Siendo el señor Galas uno de los más entusiastas participantes del plan, le valió tanto que el instituto llevó su nombre. Para 1972 se entregó la dirección de la academia a la congregación católica de «Esclavas de la Inmaculada Niña».

Don Santiago Galas[63] fue un empresario asturiano, que llegó a México en 1913. Fundó un negocio que, además de próspero, se volvió sinónimo de mexicanidad; Galas de México fue el taller de artes gráficas que, combinando coloridas litografías y la técnica del *offset*, comercializó especialmente durante los cuarenta a setenta aquellos calendarios "de carnicería" que se ponían atrás de las puertas, pero todo mundo admiraba. Hoy son objeto de colección. Uno de los pintores más famosos... corrijo, unas de las pinturas más famosas que difundió don Santiago fueron La Leyenda de los Volcanes, La Malinche, Cuauhtémoc y La Patria; su autor es el chihuahuense Jesús De la Helguera, pero desgraciadamente pocas personas saben su nombre.

El señor Galas se distinguió por ser un hombre muy religioso y magnánimo, fue presidente de la Beneficencia Española, fundador de varias instituciones sociales y protector de otras.

Don Gonzalo Río Arronte

El señor Río donó a la Congregación de Religiosas, Hijas de María Inmaculada de Guadalupe, un terreno contiguo a las instalaciones de su hotel, donde las madres construyeron El Centro Guadalupano de Oración y Reflexión.

La nueva sede del ayuntamiento también fue donada por el señor Río, así como el grupo Los sabinos de AA que lleva su nombre.

Doña Aurora Moran

Ya hablé sobre esta gran tequisquiapense, y lo hice justamente reconociendo una verdadera proeza que hizo en beneficio del gremio de los artesanos cesteros y, en última instancia, de Tequis mismo, pero eso no dejó de ser una actividad comercial, por eso no puede llamarse altruismo. Sin embargo, dejé en el tintero para esta sección dos crónicas de actos que no por breves serían indignos de tener su propio espacio.

Allá por los cincuenta durante las posadas había desfile de carros alegóricos, la presidenta de las fiestas navideñas por varios años era doña Aurora, quien, además de coordinar, financiaba algunas comparsas para que los entusiastas del pueblo pudieran disfrazarse.

Otro hecho memorable entre los vecinos mayores fue la compra para su donación de algo que el crecimiento poblacional pedía a gritos: un terreno para ampliar el panteón municipal. Resulta que el antiguo cementerio tenía tal saturación que, literalmente, los muertos no cabían. El problema sanitario se agudizaba sin que, ya por falta de voluntad, ya por falta de recursos, las autoridades municipales hicieran algo.

Hasta la fecha circula de boca en boca la leyenda del difuntito que no quería ser enterrado; el mito dice que lo inhumaban, y a la mañana siguiente aparecía fuera su tumba. No sé, igual durante la madrugada los desesperados deudos de un occiso sin espacio exhumaron el cadáver de un indigente para alojar a su muertito. Y ya el imaginario popular se encargó de darle sentido lúgubre al hecho, aumentando el detalle de que "todas las mañanas aparecía fuera de su sepulcro".

El caso es que con premura se debía resolver la habilitación de un espacio digno y Aurora Moran entró al quite. Se sabe que esto ocasionó un conflicto con el señor Río porque el nuevo panteón quedó frente a su hotel.

Como quiera, quizás allí debería haber una placa con su nombre grabado en letras de oro que reconociera su obra y, claro, también la de otras personas ilustres sin importar que fueran tequisquiapenses por nacimiento o por adopción. Al final, si en vida legaron algo para beneficio del pueblo, enhorabuena.

CAPÍTULO X

LO TÍPICO DE HOY

Los referentes actuales

Habrá quien, con los argumentos que sea, como en la discusión bizantina sobre dónde se encuentra el centro geográfico de México, sostenga que el honor lo merece otro lugar. Igual y sí, igual y no. Lo cierto es que el encanto de Tequis está más allá de cualquier elemento de atracción, pero eso sí, cuando hoy un visitante recorre el centro todo le sugiere que las canastas, el queso, el vino y los globos aerostáticos son los seductores protagonistas de su paseo.

La cestería

El tema no se agotó con el testimonio que don Silvestre Moran nos refirió anteriormente.

Recordemos que Tx otrora era favorecido por la naturaleza con un río caudaloso y manantiales por doquier, eso fue fundamental para que prosperara la cestería. Sin embargo, acordémonos también que esa condición de rebosamiento de agua disminuyó drásticamente y, por lo tanto, la materia prima de la cestería empezó a escasear. En esa nueva realidad, muchos artesanos optaron por conseguir su insumo principal vía importación, antes que abandonar la tradición familiar.

En efecto, ahora China se encarga de abastecer buena parte de las fibras usadas para elaborar ciertos productos, pero las manos siguen siendo tequisquiapenses, de ellas surge la magia y, a final de cuentas, estas son las que le dan autenticidad a dicha artesanía local. Hoy la creatividad y la disponibilidad de diversos materiales, como ratán, bejuco, toquilla, junco, tule, henequén, mimbre, ixtle y hasta fibras sintéticas, amplían la gama al infinito.

Así, al caminar por las calles de Tequis podemos encontrar artículos ornamentales, bolsos, alhajeros, muebles, sombreros tipo Panamá, juguetes... en fin, infinidad de productos con diseños clásicos o vanguardistas. Es más, algunas mañanas muy temprano, si alzamos la vista, podríamos encontrar suspendidas en el aire unas canastas tan grandes, que lo que contienen son personas. En efecto, los característicos globos aerostáticos de Tx usan cestas de fibras naturales para llevar tripulación y pasajeros; bueno, pues esas canastas son manufacturadas por artesanos de la región.

Regresando a los tejidos de tamaño común, comento un sutil pero útil detalle: identificar si la pieza elegida es realmente una artesanía elaborada en Tequisquiapan, o se trata sólo de una vulgar imitación a precio de auténtica.

Afortunadamente, en Tequis es fácil acceder a los talleres donde se puede ver a tejedores en acción, o bien está La Casa del Artesano (Morelos N.º 16, Centro). No digo que en los mercados de artesanías o locales independientes sólo haya gatos en vez de liebres, pero habrá que ser muy cautos para no regresar a casa con una bonita canasta "pikniquera" hecha en serie a 20 000 km de distancia, como algunas imágenes de nuestra virgen de Guadalupe, las máscaras de Blue Demon y hasta la también queretana muñeca Lelé.

Por cierto, La Casa del Artesano es una acción municipal que, en apoyo al gremio, hace las veces de punto de venta. Cada peso pagado por producto va integra y directamente al artesano que lo manufacturó. Bravo por el ayuntamiento, sin embargo, también hay reproches hacia alguna administración que no apoyó una iniciativa privada echada a andar —durante breve tiempo por desgracia—; me refiero al extinto Museo de la Canasta. Proyecto que mostraba el desarrollo actual de este oficio en Tequisquiapan, una zona de presentación de materiales, un típico taller artesanal de cestería y, por supuesto, la exposición de las variedades de canasta más representativas de la zona.

Hablando de escaparates, no puedo dejar de lado una imagen que me tocó presenciar en la esquina de Moctezuma y Centenario, donde está la legendaria tienda El Nivel —de la cual ya mencioné en un dato inútil del capítulo VI el porqué de su nombre—. En ese comercio, un rollo de petates le da la bienvenida a sus clientes. Yo compré uno para ponerlo en mi estudio. Sólo por curiosidad le pregunté a Víctor, el dependiente, que si se vendían mucho esos productos y me contestó que sí, aunque en la actualidad son más bien los turistas los interesados en esas manufacturas, se lamentó sin embargo que los artesanos ya casi no le quieren surtir esa mercancía a precios razonables (desde la perspectiva del consumidor) porque, como están las cosas, ellos ya no pueden vivir de eso.

Resulta que para tejer necesitan dos días y el tule lo recolectaban en uno, es decir, tres días sin contar el trabajo que implica el secado al sol y el tiempo para la comercialización. Hasta ahí claramente el negocio no rinde, sus costos aumentan, pero el precio no, porque ya casi nadie está dispuesto a pagarlo[56Di].

[56Di] Además ya no se petatea a los cadáveres, es decir, no se envuelven en petates para así ser enterrados.

Queso y vino, matrimonio indisoluble

No fue casualidad, tampoco el capricho gratuito de alguien, que la feria del vino también lo fuera del queso: ese matrimonio sí que ha perdurado; ya Homero se refiere a ellos en reiteradas situaciones tanto en la Ilíada como en la Odisea. Y es que ya no importa cuál surgió primero, sino que la combinación de sabores es de lo más grata al paladar humano (cuando menos desde la perspectiva del gusto europeo).

Así que, habiendo más notas por comentar de estos temas en la historia de Tx, van en paquete sin olvidar sus respectivas particularidades.

La burbuja pierde presión

En 1976, después de 22 años de estabilidad cambiaria, el peso mexicano se devalúa como preámbulo de una larga época de altibajos económicos; situación que permeó en los dos sectores que, junto con el turismo, habían inyectado realce durante varios años a Tequisquiapan.

Aunque el maridaje (queso-vino) casi siempre los hace tener la misma suerte, cada uno de estos productos tiene su propio impacto en la historia de Tequis.

En cuanto al vino

Como el consumo de vino seguía siendo muy modesto, los viticultores fueron perdiendo el interés y los viñedos cambiando de giro, entonces las vinícolas batallaban más para conseguir buen producto para procesar. Si a eso le agregamos la entrada de México al GATT[59], con lo que se propició, entre otros productos, la importación de uva argentina a $0.80 el kg, cuando la nacional estaba a $4.00, los problemas se multiplicaron para todos los participantes. Quizás por eso las nuevas generaciones de las familias Domenech y Nicolau optaron por no seguir con un negocio que financieramente no lo era. Cavas de San Juan vendió el equipo y cerró sus puertas, y Cruz Blanca prácticamente cambio de giro y traspasó sus instalaciones en San Juan del Río a refrescos Pato Pascual. Ante eso, los pocos viticultores que quedaban, en palabras del Ing. Rodríguez, "arrancaron sus plantas" (con honrosas excepciones, como el viñedo los Rosales).

Los franceses de Martell decidieron olvidarse de Sofimar, la desbarataron y mandaron la parte de destilería a Puebla y el resto de la maquinaria a Ensenada. En cuanto a la Madrileña, siendo un negocio sano financieramente y bien diversificado, la crisis le pasó sin pena ni gloria. Subsiste hasta la fecha, y es la distribución de licores producidos por otras marcas su principal ingreso.

Presa de los mismos demonios que provocaron el cierre de las vitivinicultoras de Tequisquiapan y San Juan del Río, Finca Sala Vivé, de la firma Freixenet, que se había instalado allá por 1978 en Ezequiel Montes, también sufrió los estragos, pero, a diferencia de las otras, no se desmanteló, quizá porque sus instalaciones eran prácticamente nuevas cuando se deprimió el mercado; para finales del milenio decidió jugarse una carta más.

En cuanto al queso

Las complejas situaciones económicas y políticas derivaron en que México aumentara veinticinco veces sus importaciones de queso entre 1988 y 1993[64]. El resultado natural fue que las queseras artesanales que sobrevivieron son las que satisficieron la demanda local de las pequeñas poblaciones (léase Tequisquiapan), ya que en las ciudades medianas y grandes el mercado fue acaparado por los gigantes supermercados.

Visión: incubando un nuevo repunte

En el punto anterior vimos cómo a finales del siglo XX en la industria vitivinícola, especialmente la de los valles centrales de Querétaro, como que Baco no ayudaba mucho. Afortunadamente siempre existen los quijotes enfrentándose a los molinos. De eso se trata esta sección.

Igual que como sucede con el tema del altruismo, estoy seguro de que habré omitido por falta de referencia personajes con merecimientos mayúsculos.

Nota: Seguiré refiriendo hechos sucedidos en otros municipios queretanos, pero prometo demostrar cómo impactan de manera directa en la historia de Tequis.

Freixenet

Lo que hizo el señor Ferrer, dueño de Freixenet, fue llevar a un par de colaboradores de toda su confianza al micro valle de Bernal con la misión de rescatar la gran inversión que el catalán había hecho; ellos son el matrimonio compuesto por el enólogo José Antonio Llaquet y la publirrelacionista María Baró.

Seguir produciendo vino para un mercado poco afecto a ese gusto era arriesgado, sin embargo, de acuerdo con los comentarios que amablemente me hizo el ingeniero Fernando Alonso, de la Finca Vai —y yo me atreví a reproducir incluso con sus palabras—, se puede deducir que una inteligente estrategia diseñada por la señora Baró dio un giro a la tendencia: abrió las puertas de Cava Freixenet. Al principio no iba nadie, pero ella no se amilanó: picó piedra con el gobierno, se rodeó de empresarios relacionados para que la arroparan y pudiera ofrecer un servicio más completo; restauranteros, queseros y operadores turísticos formaron un equipo para comenzar con las primeras vendimias abiertas al público.

Con ese tipo de eventos se consolidan las visitas a la Finca Sala Vivé. Al ver el éxito, otros actores, como La Redonda, que también había sufrido la crisis de contracción del mercado, se suman a la modalidad adoptada por Freixenet para inyectar otra vez aire al balón que, necesariamente, rodaría hasta la población con mayor infraestructura y arraigo turístico de la zona: Tequisquiapan.

Finca Vai

Por natural correlación, el modelo de negocio trasciende en la otra parte del dúo: el queso. Conociendo de primera mano los detalles de las vendimias de Freixenet, puesto que fue integrante del equipo original, Fernando Alonso adapta las instalaciones de su negocio en el municipio de Colón para extender las visitas a la temática quesera. Con apoyo del gobierno del estado se logra que gran número de turistas procedentes de Querétaro realicen paseos complementarios con visitas guiadas en un auténtico escenario campirano. Hoy la experiencia abarca, opcionalmente para el visitante, sus propias producciones de vino y cerveza.

Quesos Quiroz

Manuel Quiroz y su familia atravesaban por una situación económica precaria. Entonces decidieron probar suerte emigrando de San Juan del Río. ¿Cómo? Abriendo una quesería.

La vocación circulaba por las venas familiares y las recetas permanecían anidadas en la memoria de Manuel. Su abuelita, en alguna de sus tres haciendas, hacía queso fresco y ranchero para uso totalmente doméstico. Esa afición le vino bien al enviudar pues se volvió su *modus vivendi*. La experiencia y conocimientos de Manuel lo llevaron a trabajar en una empresa de productos lácteos. Allí perfeccionó las técnicas heredadas y concibió algún día ser dueño de una magnífica quesería.

Vinícola San Patricio

Volviendo al vino, más o menos al mismo tiempo en que Finca Sala Vivé se reinventaba, otro visionario remaba cuesta arriba. Aunque la lógica común indica que, cuando casi todos los grandes se están saliendo del mercado, ir a contracorriente sin casi más recursos que un cúmulo de conocimientos y mucha pasión es un suicidio, la historia demuestra lo contrario. Muchos son los ejemplos de que se pueden hacer realidad los sueños más inverosímiles[57Di], eso sí, pagando el precio que implica, templanza para afrontar los riesgos, así como esfuerzo y paciencia.

A continuación, recreo un diálogo que, palabras más, palabras menos, sucedió en San Juan del Río en 1998. Don Alberto Rodríguez lo cuenta como una anécdota divertida, y lo es, pero también —me parece— un hecho muy significativo que años después repercutiría en la historia del vino en Tequisquiapan.

[57Di] Dato inútil. La literatura lo narra todo el tiempo: después de los cuentos de amor, los de hazañas son los más populares, y a sus protagonistas les llaman héroes; ellos son los que logran objetivos nobles mediante acciones extraordinarias. (Lo malo es que, en general, se les toma como entretención, y no como ejemplo).

—Don Francisco, necesito su maquinaria, sé que le puedo sacar provecho para que siga produciendo vino y no la remate como fierro viejo —le dijo Alberto al señor Domenech, fundador de Cavas de San Juan, que estaba cerrando sus puertas para siempre.

—Me interesa tu oferta, pero a mis noventa y un años estoy viviendo horas extras, yo ya me debo contar por meses, no te metas en problemas. ¡Recuerda que este negocio es para los nietos... ¡bueno!, siempre que los hijos lo continúen.

—Ándele, véndamela, no tengo mucho dinero, pero le doy algo ahorita y en tres meses le pago la diferencia.

—Mira, ahora mismo voy de salida, el martes cuando regrese te digo qué te puedo dar por el dinero que me ofreces, y luego en tres meses —«Si sigo vivo», pensó— hablamos del resto.

—Está bien, don Francisco —respondió Alberto, conteniendo la sonrisa que le provocó el comentario tan lleno de pragmatismo y sabiduría de su viejo maestro—; oiga, y aprovechando que tiene uva en cosecha, véndame unas tres toneladas.

El viejo empresario, penetrando con la mirada los ojos de aquel que durante casi dos décadas había sido su empleado, mandó llamar al responsable de uno de sus viñedos y le dijo que vendiera en el mercado toda la uva, pero una parte pequeña la llevara a donde Alberto le indicara.

A los pocos días, llegaron tres camiones con 35 toneladas de uva al deteriorado bodegón, que el temerario emprendedor había rentado en Ezequiel Montes al que apenas le empezaba a hacer adaptaciones. Para entonces, la maquinaria adquirida seguía en proceso de reinstalación, y ni hablar de los tanques de fermentación y reposo. La situación resultó ambivalente: por un lado, fue muy emotivo, surgieron sentimientos de gratitud, nostalgia, amistad, orgullo, era como una despedida; pero por el otro, un gran problema se debía resolver: una feroz carrera contra el tiempo había iniciado; la fruta a la intemperie pronto iría perdiendo sus propiedades para convertirse en un buen vino, y a partir de cierto punto se convertiría en desechos no sólo inservibles, sino costosos de eliminar.

Alberto tuvo que exigir celeridad y perfección a los mecánicos y apelar a su creatividad para improvisar medios a fin de mantener la temperatura y retardar el proceso de putrefacción en suelo. Consiguió tinacos "Rotoplast", acudió con banqueros para lograr préstamos con bajas tasas de interés a cambio de malas garantías y peores expectativas de éxito. Esos banqueros habían aprendido el significado de "vitivinicultura extrema", que es la que se practica en las latitudes y altitudes queretanas, sabían del cierre de Cruz Blanca y Cavas del San Juan, así como del desmantelamiento que una casa tan prestigiada como Martell había hecho cuando se fue como huyendo de Tequisquiapan.

Todos los escollos fueron librados, sin embargo, el tiempo transcurrido sí cobró un tributo: la uva inició un proceso de oxidación con lo que se imposibilitó la producción de vino blanco, pero nada impediría que se vinificara para obtener un generoso tipo Jerez. Así nació en las postrimerías del siglo XX una viticultora y su primer producto: el vino tipo Jerez Uva de Oro.

La Feria del Toro de Lidia

No importa si se está a favor o en contra de esta tradición, lo cierto es que las vinculaciones históricas con Tx son un hecho tan patente, como lo es que la celebración de la fiesta atrae a un gran número de visitantes desde su institución en 1997.

Además de las consabidas corridas de toros con ejemplares criados en casa, un sinnúmero de eventos culturales asociados engalanan el pueblo durante unos días. La iniciativa de ampliar la gama de atractivos turísticos fue de Toño Mejía en su primer mandato municipal.

CAPÍTULO XI

... Y EL AGUA
SE CONVIRTIÓ EN VINO, Y
EL TEQUESQUITE EN QUESO

A prueba de humanos

Necesaria recapitulación. Durante miles de años, la región donde hoy se asienta Tequisquiapan anunciaba los límites de dos amplísimas zonas con climas diversos; una en general hostil, otra mayormente confortable. La particularidad de esta entrada era el agua fresca de un río que corría junto a copiosos veneros de agua termal. De estos había muchos, pero sólo uno capaz de horadar una poza de tales proporciones, que podía albergar al mismo tiempo decenas de individuos de la especie humana. Por lo mismo, desde tiempos inmemorables el gran manantial fue el mejor lugar para el esparcimiento.

Un día alguien le dio forma geométrica. Entonces fue cuando se convirtió en La Pila, pero de su ojo continuaron manando con una profusión colosal las aguas tequesquitosas. Los demás veneros, al tiempo, se fueron convirtiendo, según el tamaño, en albercas o tinas (pozas). La procesión de visitantes continuó; unos buscando alivio a sus dolencias, otros solaz para el alma o descanso para el cuerpo, y entre ellos muchos que simplemente gustaron de los chapuzones.

Cuando disminuyó sustancialmente el brote del líquido vital, a causa de perforaciones por motivos industriales hechas a decenas de kilómetros, pronósticos sensatos apuntaban que Tequisquiapan podría convertirse en un pueblo fantasma, como les ocurrió a las aldeas mineras que fueron abandonadas tan pronto el yacimiento se agotó. Pero en Tequis no sucedió igual, aunque las aguas termales, esas que contenían tequesquite y que bullían a temperaturas altísimas, casi desaparecieron, ni sus habitantes emigraron en masa, ni los turistas dejaron de venir. Se podría pensar en una inercia provocada por la fama, pero eso habría durado poco. Hasta la fecha casi todos los hoteles ofrecen alberca y La Vega, el último balneario dentro de la zona urbana de la cabecera municipal, tiene buena afluencia; lo mismo que varios que se encuentran rumbo a Bernal y la Sierra Gorda. Últimamente el moderno concepto *spa* se está incorporando en la oferta hotelera con buena aceptación por parte de los visitantes.

Entonces ¿cómo está eso de que el agua se convirtió en vino y el tequesquite en queso?

Sucede que en Tequis contamos con ocho meses de temperaturas relativamente altas con sol abrasador. En esas condiciones, chapotear en frías aguas de pozo resulta muy agradable, sin embargo, la ocupación hotelera no disminuye durante los cuatro meses restantes; y es que hoy existen muchos atractivos más que el visitante puede encontrar, de tal manera que el tema acuático se vuelve sólo uno más de la lista.

La relevancia que tuvo el agua termal con todo y su tequesquite fue cedida a otra seducción ancestral: la vitivinicultura. El romanticismo de los viñedos y la exaltación del placer gustativo hacen del vino y sus complementos, queso y fiambres, efectivos cautivantes del turista por estas sendas, ahora con timbre sibarita. Como consecuencia, a diferencia de muchos pueblos mágicos, Tequisquiapan cuenta con una magnífica oferta gastronómica de alta cocina.

Aclaro, no tengo nada en contra de la comida sencilla, es más, soy un convencido de que una buena manera de conocer lugares es visitar sus mercados públicos, tanto los fijos como los ambulantes, y comer lo recomendado por los marchantes. Justo por esa experiencia puedo decir que en Tx la barbacoa, las carnitas, la cecina, el pozole, la birria y la pancita, así como las gorditas de maíz quebrado, las quesadillas, sopes y los huaraches son exquisitos. Hecha la aclaración, continúo.

La comida de mantel largo es poco solicitada en otros pueblos mágicos cuyo sello es diferente y, por tanto, difícil de encontrar. En cambio, en las calles y cercanías tequisquiapenses podemos darnos el lujo de elegir entre comida mediterránea, española, italiana, cortes de carne o incluso comida mexicana de autor... Así que, las aguas termales cargadas de tequesquite se convirtieron en vino acompañado de queso.

En todo el país, el vino está teniendo un repunte sustancial en las preferencias de consumo, y como Tx es un punto reconocido de inicio de ruta vinícola, está capitalizando las tendencias. Entonces podríamos afirmar que, al momento de la publicación de este libro, estamos en pleno tercer boom del vino.

El imán de Tequisquiapan se activa de nuevo

Prometí demostrar que hechos realizados en otros municipios tendrían una repercusión en la historia de esta localidad, aquí algunos ejemplos:

La mudanza

En capítulos anteriores anticipé un esbozo de este hito del queso en Tequis. Fue Sergio Antonio Quiroz, miembro de la tercera generación de la familia pionera en ese ramo, quien nos regaló un texto escrito desde el corazón. También referí la razón por la que una estirpe de San Juan del Río decidió mudarse a Tx. Ahora, a partir de una entrevista que me concedió Gaby, la decana familiar en ese momento, y con el mejor ánimo de ser exponente fiel de su póstumo testimonio, intentaré narrar el proceso de la fundación y consolidación de una firma totalmente tequisquiapense.

Allá por 1972, Manuel Quiroz, resuelto a salir adelante, pero sin imponer su voluntad —como todavía en aquellos tiempos pudiera haber pasado por algo normal—, a la familia en pleno le expuso sus razones, y los convenció de que Tequisquiapan era el lugar ideal para iniciar su viejo sueño de producir queso; el pueblo era pequeño y por lo tanto sin mucha competencia, pero había dado muestras de haber iniciado un crecimiento económico. Así, el clan se mudó de San Juan del Río al lugar de las aguas tequesquitosas. El señor Quiroz —en palabras textuales de Gaby— «venía con una mano adelante y otra atrás, pero no con falta de entusiasmo y de ideas». Además, contó con el invaluable apoyo de todos los integrantes de su familia.

Aun así, las vacas seguían flacas. No había ni para invertir, y en medio de esa angustia llegó de visita un compadre con todo y sus ocho hijos. Aunque el refrigerador estaba vacío, se las arreglaron para atender cordialmente a sus convidados, ¡claro! En su interior, los anfitriones anhelaban el día de partida de sus amigos. Cuando por fin estos subieron a su vehículo para regresar y el automóvil no arrancó… muchas miradas se cruzaron.

—Debe ser la batería, compadre, ahorita con un empujón sale. —Cuando se dieron cuenta que la avería era mayor y los propietarios vivían muy lejos, los ánimos de los Quiroz Suárez cambiaron de ilusión a desconsuelo…

Algo radical debía suceder… y sucedió: el compadre le dijo a don Manuel: «Pues ahí te dejo el cacharro, si quieres arréglalo y lo vendes, y con el producto pones un negocio» Esa sería para ellos la primera de la infinidad de vicisitudes que acompañan a los emprendedores. De ahí salió apenas lo esencial para montar un restaurante en el garaje de la casa.

El establecimiento se abrió un día 20 de noviembre, era puente y Tequis estaba colmado de turistas. Se vendió todo. Eso fue un alivio, pero la idea original nunca se modificó: poner una fábrica de quesos. Con las ventas del restaurante fue saliendo para, poco a poco, ir acondicionando las instalaciones. La factoría siempre fue chiquita, pero muy controlada.

Las desveladas, combinadas con desmañanadas, eran cosa de todos los días, y de todos los integrantes de la familia, pero al fin, los quesos salieron a la venta y el éxito fue inmediato; tanto que un día don Fernando de la Mora le dijo a don Manuel Quiroz: «Nosotros cerramos cuando ustedes llegaron» (se refería sólo a la producción de queso, por supuesto).

La primera fábrica se instaló en un anexo de la misma casa habitación, que en aquel entonces se consideraba que ahí eran las orillas del pueblo. Ahí mismo se habilitó un expendio que, por lo que he podido percibir, no era, ni es, un simple punto de venta, sino un espacio lleno de calor humano. Lupita, la leal colaboradora de este negocio casi desde el principio, da cuenta de ello. Yo mismo he podido tener pequeñas pero amenas conversaciones con ella.

Actualmente, en una casona del centro se reunieron de nuevo los dos giros de emprendimiento de la familia: el restaurante La Carreta y la quesería Quiroz.

En el capítulo VIII prometí platicar cómo es que los Quiroz Suárez contribuyeron a la primera Feria del Queso y del Vino. Bueno, pues los ocho hermanos acompañaron a los organizadores del gran evento que se desarrollaría en Tequisquiapan a la sección inicial llamada *México, Magia y Encuentro*, del señor Raúl Velazco, para tener una participación cantando en uno de los programas de mayor audiencia televisiva a nivel nacional, *Siempre en Domingo*. Doña Mercedes adornó una canasta de quesos para regalársela al entonces famoso conductor de televisión que popularizó una frase que ahora le viene bien al binomio queso-vino en Tequisquiapan: «Aún hay más».

Vinos Santiago Apóstol

En 2001, don Alberto Rodríguez decidió trasladar a este municipio su negocio, incluidas, desde luego, todas sus instalaciones, con lo cual se convirtió en la primera vinícola en activo que produce vino en Tequisquiapan a nivel comercial; sus productos responden a la marca Santiago Apóstol.

Ciertamente existen otras etiquetas, algunas de las cuales me han asegurado que podrían participar en ligas mayores, sin embargo, todas ellas, por lo pronto, se reducen a pequeñísimas producciones artesanales al alcance sólo de turistas en ruta. Insisto, de ninguna manera estoy diciendo que esas opciones sean de mala calidad. Eso no lo sé, puesto que escribo esto tan solo como entusiasta de la historia y del lugar que elegí para vivir; no soy enólogo ni un consumidor experimentado del elixir de Baco. Digo simplemente que, al ser parte de proyectos turísticos, el propósito de su elaboración, al menos en primera instancia, no es comercializar a gran escala. Por esta razón, a diferencia de los vinos Santiago Apóstol, hasta ahora todas las marcas con denominación de origen Tequisquiapan podemos degustarlas por copeo o adquirir algunas botellas únicamente en el lugar de producción.

Vuela en globo

Los vientos del destino trajeron a esta empresa y sus impresionantes naves a volar en tierras tequisquiapenses.

Por más hermosas que fueran las praderas del rancho El 7, en San Juan del Río, que fue la primera sede de los despegues aerostáticos en la zona, estos no contaban con las condiciones idóneas para travesías 100 % seguras. Además, las vistas sin tantas chimeneas industriales y de hornos de ladrillo, pero con más viñedos, cercanía a la peña de Bernal y mejor perspectiva a la sierra Gorda mejoraban la experiencia panorámica de los clientes.

Así que, aprovechando las facilidades otorgadas por la administración municipal de aquellos años, que tenía en la mira la promoción turística, la empresa decidió trasladar sus operaciones aeronáuticas también a estos lares.

Museo del queso y del vino

Si bien hechos originados en otros municipios repercutieron en Tequisquiapan, he aquí un ejemplo del sentido inverso.

De acuerdo con la monografía del cronista Jorge Vega, el 26 de julio del 2008 fue inaugurado por el alcalde de Tequis, Noé Zárraga Trejo, el Museo del Queso y del Vino. La presencia del señor Zárraga denota el interés municipal, sin embargo, y por desgracia, ese proyecto auspiciado por Fernando Alonso no prosperó como sala de exhibición. Pienso que el esfuerzo no fue en balde, la semilla se sembró, y algún día Tequis, como puerta de la Ruta del Queso y Vino, contará con un recinto cultural especializado en esta materia, o sea, un museo, propiamente dicho.

Ahora que, mientras ello ocurre —y después también—, a pocos minutos de Tx, parte de la colección que constituyó el acervo original migró al vecino municipio de Colón, donde continúa al alcance de quien guste del placer de la expansión del conocimiento.

Es el propio Fernando Alonso quien, de puño y letra, nos comparte en pocas pero sustanciosas palabras tanto el origen como el actual estado de cosas:

El Museo del Queso y el Vino se origina a principios de la creación de la ruta del del mismo nombre, transformando una tienda de quesos llamada "La Bandeja de Quesos" en un pequeño pero lindo Museo del Queso y el Vino; contaba con unas mesitas para servicio de alimentos, pero poco a poco se fue convirtiendo en un restaurante temático. La mayor cantidad de piezas se trasladaron al viñedo Tierra de Alonso, donde hoy se puede disfrutar de todas ellas y más, en espaciosas y bien ambientadas áreas en armonía con la demanda que hoy tiene la Ruta del Queso y el Vino. Como vemos todo evoluciona y el museo ¡no fue la excepción!

CAPÍTULO XII
HACIENDO HISTORIA

No obstante la intención de este libro es la divulgación de la historia, ahora me veo obligado —deber que me encanta— a comentar algo sobre otros maravillosos atractivos extras que ofrece Tequis en la actualidad.

Pueblo mágico

Tequisquiapan fue el número 76 en ser declarado pueblo mágico. Desde el inicio de este proyecto gubernamental pasaron once años para lograr tal honor. Desde entonces (2012) se ha mantenido en los primeros lugares de popularidad de una lista que crece y crece.

Para ser honesto, una parte de mí se resistía a incluir el tema, y no es que me parezca inadecuado este programa turístico federal, creo que, en principio, desde el punto de vista de los prestadores de servicio, incluidos los ayuntamientos, tiene más pros que contras, aunque cuando es patente que en la lista ni están todos los que son, ni son todos los que están, surgen ciertas dudas.

Sin ánimo de entrar en debates, expongo mi particular punto de vista: Tequisquiapan es mágico con o sin la insignia oficial. Me parece que las pruebas están esparcidas a lo largo de todo este libro.

La vuelta a Tequis en 60 minutos

Como ya esbocé en el capítulo anterior, un atractivo más del Tx de hoy es el vuelo en globo, y aunque no es el único lugar donde se puede gozar de esta aventura, aquí hay particularidades, enigmas y encantos que, si los omitiera, recordando el epígrafe de esta obra me quedaría con la sensación de haberla dejado «coja de lo que los hombres naturalmente desean saber».

Para empezar, es preciso saber que para elevar un globo aerostático no basta contar con una gigantesca bolsa e inflarla con aire caliente. Existe una autoridad encargada de autorizar los despegues; en México, es la AFAC (por sus siglas, Agencia Federal de Aviación Civil). Para hacerlo, esta institución estudia las condiciones geográficas, climáticas y algunas inconveniencias, como la cercanía de un aeropuerto o una base militar, lo cual reduce las zonas en que los globos aerostáticos puedan navegar. El valle en el que se encuentra Tequis, por fortuna, no es área restringida.

Bueno, en consistencia con la metodología que en esta segunda parte he tratado de usar para darle el toque humano, al llegar a este tema estaba yo imaginando cómo contactar con los protagonistas perfectos para la reseña cuando, haciendo cola para comprar unos tamales banqueteros —era domingo por la mañana—, me percaté que la persona que me precedía había descendido de una camioneta de esas que los vecinos de Tequis vemos rondar cuando hay globos en el cielo. Me animé, le platiqué brevemente acerca de mi proyecto y mi obvio interés en esos enormes artefactos. Una vez más la fortuna me cruzó con la persona indicada.

Mientras me entregaba su tarjeta personal, el Dr. William Mckee me dijo que Viridiana, su esposa, es la persona que más sabe al respecto, sólo que en unas cuantas horas iniciarían un largo viaje al extranjero. La maravilla de la tecnología me permitió realizar una entrevista desde puntos muy distantes.

Viridiana Cortes Domínguez es la sucesora de un sueño que se empezó a volver realidad allá por 1980, cuando Noemí Domínguez y el capitán Eduardo Cortés fundaron la empresa que fabricó los cinco globos para una campaña publicitaria de largo aliento (5 años) de la crema Nivea. Las aeronaves surcaron los aires de toda la República mexicana. Aunque la empresa era conocida como Club Aerostático Nacional, su denominación real es Vuela En Globo.

La empresaria me comentó que en el hangar es donde se recibe a los pasajeros para darles una plática de inducción y medidas de seguridad. Una serie de videos les completan la información necesaria para prepararlos a disfrutar plenamente una experiencia única. Se les asigna un globo y se les presenta a su capitán, quien es un profesional con muchas horas de vuelo y certificación oficial.

Dependiendo de las condiciones atmosféricas se elige la zona de despegue, llamada globo-puerto[58Di], a donde el capitán conduce a sus pasajeros.

[58Di] Dato Inútil. - A principios del siglo XX, un globo-puerto muy común en la Ciudad de México era la Alameda Central. En efecto, casi todos los domingos se elevaba con personas a bordo una de estas naves aéreas. El capitán y constructor era Joaquín de la Cantolla y Rico. De manera popular, su apellido le dio involuntariamente en México el nombre a los pequeños globos de papel que suben con el calor de la flama de una vela. El personaje desde niño tenía una obsesiva afición con estos juguetes, de manera que los vecinos se acostumbraron, pero cuando alguien preguntaba: "¿Qué es eso?", la respuesta siempre era: "Es un globo de Cantolla". Al paso de los años, los globos crecieron, al grado que logró hacerlos tripulables. (Aquí Dato Inútil sobre Dato Inútil. - Cantolla pudo ser amigo de don Salvador Michaus, pues ambos fueron alumnos del Colegio Militar). Joaquín se volvió legendario porque cada semana invitaba a alguna personalidad a pasear por el aire. Diego Rivera lo inmortalizó al plasmarlo con todo y globo en su famoso mural «Sueño de una Tarde Dominical en la Alameda Central».

Rodrigo García Leo

Esta empresa asentada en Tequisquiapan opera la única escuela de pilotos de globo aerostático reconocida por la AFAC. También cuenta con el único taller de mantenimiento para todas las marcas y modelos. Y, por si fuera poco, es la única que fabrica estas aeronaves en México. Varios de los globos que se elevan en Teotihuacán, San Miguel de Allende, Durango, Puebla y Tijuana fueron fabricados en Tequis. Con 40 años en el aire, Vuela En Globo lleva más de 350 000 vuelos sin percance alguno.

Para terminar con este tema, Viridiana compartió una anécdota que yo reproduzco aquí:

Mi hijo era pequeño y yo iniciaba con las operaciones. Él tenía 4 años y siempre estaba a un lado mío. De pronto despegan 3 globos simultáneamente, yo tenía que coordinar a los tres capitanes, sus respectivos equipos en tierra y el personal que contenía a los emocionados familiares que despedían a los viajeros. Cuando pasó el estrés del despegue múltiple, busque a mi hijo, pero no estaba por ningún lado. Lógicamente me angustié demasiado hasta que uno de los capitanes me dijo por radio que el niño estaba a bordo. Lo engañó diciéndole algo creíble: "me mandó mi mamá porque este globo necesita peso extra".

México me encanta

Uno espera que todo destino que se precia de ser llamado turístico debería tener al menos un museo (y por obligación si se trata de un pueblo mágico). Ya vimos que los de la cestería y del queso y vino fueron iniciativas efímeras por falta de apoyo, pero, por fortuna, en ese renglón por lo pronto también tenemos "palomita".

214

En la calle de 5 de mayo se encuentra un recinto llamado México me encanta. La opinión de algunos es que se trata sólo de una curiosidad, como si para tener el rango de museo debiera tener un carácter aburrido. Bastaría para dar carpetazo a la controversia, atenernos a una acepción secundaria de la RAE: «lugar donde se exhiben objetos o curiosidades que pueden atraer el interés del público, con fines turísticos», pero entonces pasaríamos de largo lo que la museografía formal reconoce como uno de sus principales atributos: el valor cultural, concepto inherente en toda muestra de usos y costumbres populares de un país.

¿Qué se exhibe en México me encanta? dioramas artesanales, vulgarmente llamados maquetas, que retratan de manera divertida escenas cotidianas de la idiosincrasia mexicana. Son más de doscientas piezas, todas a una escala 1:10.

La fundadora, creadora, artesana, curadora y anfitriona es Ma. Teresa Cisneros Septién. Ella me hizo el favor de platicarme la historia del proyecto, misma que resumiré en las siguientes líneas.

Todo comenzó en la ciudad de Querétaro con la tradición de montar un nacimiento en la época navideña. Tere desde niña fue entusiasta de esa usanza católica de tradición italiana, pero con fuerte arraigo en México. Como les consta a todos los que gustan de esa actividad, cada año sus nacimientos crecen por las nuevas figuras adquiridas o elaboradas ingeniosamente a partir de cualquier tipo de material siempre que ayude a retratar la realidad.

Al principio, el acopio de detalles de los nacimientos de Tere llamaba tanto la atención de familiares y amigos, que algunos regresaban con personas extrañas deseosas de verlos con sus propios ojos, por sí mismas, las referencias. Con el tiempo, las ventanas de su casa se convertían en un escaparate esperado por los vecinos. Así, a lo largo de varios años, llegó el momento en que alguien la animó a inscribir la efímera obra en un concurso, en el que, por supuesto, obtuvo un indiscutible primer lugar. 1983 fue el primero de varios años en que las recreaciones de Tere obtenían premios. Como es de suponer, año con año se agregaban elementos cautivantes, y con ello más expectación y menos espacio disponible para albergar las extensas representaciones.

Desde luego, dado el carácter navideño de las estampas, su exposición se limitaba a las fiestas decembrinas. En 2008 el concepto de nacimiento pasó a ser sólo uno más de los tópicos exhibidos en la muestra fabril de Tere; ahora son escenas de pueblo y/o de barrio que muestran la cotidianidad de la cultura mexicana. Así, lo mismo nos podemos deleitar con representaciones (usando lenguaje actual) en 3D de La Boda, los Quince años, El Taller Mecánico y muchas escenas más que arrancan del rostro del espectador más adusto sonrisas que indican "yo lo he visto", "yo lo he vivido". Otras representaciones evocan tiempos idos con estampas que la modernidad se encargó de dejar atrás en la realidad actual, pero no en la memoria de los más viejos.

En 2009 se montó la primera exposición en el Museo Regional de Querétaro. Posteriormente la muestra se exhibió en el Centro Cívico, en la galería Libertad y en el Centro Educativo y Cultural Manuel Gómez Morín.

Cuenta Tere que los éxitos la llenaban de satisfacción, pero los ensamblajes, desmontajes y los complejos modos de transportación le traían muchos dolores de cabeza. La única forma de hacerlo sostenible era contar con un espacio fijo. Después de innumerables intentos en su ciudad natal, Querétaro, enfocó su mira en otras plazas. Así fue como en 2014 encontró apoyo del entonces presidente municipal de Tequisquiapan, Antonio Macías.

Sin embargo, hay que decirlo, el proyecto subsiste financieramente sólo por las cuotas de entrada de los visitantes y algunas ventas de miniaturas de su tiendita, pero hace mucho que habría sucumbido, de no ser por los emotivos comentarios que los turistas dicen entre sí, y las reconfortantes muestras de agradecimiento y admiración que Tere recibe día con día.

... *y sigue la mata dando*

En este último segmento, de hecho, en toda la segunda parte del libro, me pude haber extendido con infinidad de muestras gastronómicas, enológicas y de servicios turísticos, pero, por un lado, no conté con la participación quizás no por falta entusiasmo, sino por exceso de trabajo de sus correspondientes propietarios o sus encargados, y por otro en algún momento tendría que poner fin a la exploración. No obstante, una sola mirada a cualquier calle del centro basta para darse cuenta de que hay mucho emprendimiento y eso es un natural efecto del ángel de este municipio.

Para cuando este libro ya había entrado en la fase final de redacción, me di cuenta de que varios proyectos muy interesantes se me quedaron sin mención. Pero lo dicho, en algún punto había que parar.

CONCLUSIÓN

No sorprendería que en estas tierras un día se produjera un vino o un queso que merecieran la distinción de tener denominación de origen, pero lo cierto es que hoy en día no los tiene, como tampoco cuenta con los panoramas más espectaculares, ni su templo principal es el más bello, ni sus calles son las más pintorescas; no cuenta con platillos emblemáticos a nivel nacional, no ha sido campo de batallas épicas, ni ciudad sitiada y defendida intrépidamente, o cuna de próceres patrios, o de artistas o deportistas de fama mundial, no tiene gigantescas pirámides o murallas, no posee récords Guinness notorios o es el hábitat de endémicas especies por las que el mundo se esté preocupando... Y, aun así, atrae a muchos visitantes e inmigrantes y los atrapa. Tequis tiene para todos.

Los nacidos aquí, gente cálida, cándida y confiable, se sienten muy orgullosos, y con razón, de llevar sangre pame-otomí, y los que hemos elegido Tequisquiapan para inmigrar pronto confirmamos haber tomado una excelente decisión. Sólo debemos estar muy conscientes que somos los fuereños los que nos debemos adaptar al Tequis con sabor provinciano que venimos buscando. La paz y tranquilidad son premios de la conservación de las tradiciones.

Cierto, la condición geográfica determinó buena parte del devenir histórico, pero aquella es fortuita, y este, aunque muy interesante, al final no es lo que hace más memorable a este terruño. El encanto proviene de su gente, toda ella; la de ayer y la de ahora; la de nacimiento y la de adopción; la que atiende al visitante, e incluso el visitante mismo.

No hay un Tx, hay dos: uno es el de los fines de semana y otro el que se respira de lunes a jueves. Caminar en esos días entre las calles sin turistas, corresponder al saludo de quien sin conocerte te desea un franco «Buenos días», platicar con la señora de los tamales, con los locatarios del mercado o con el dependiente del *Oxxo*, es vivir una experiencia que se asemeja más al pueblito que está dejándolo de ser.

BIBLIOGRAFÍA

1. Enrigue, Álvaro. Segunda mesa del coloquio La Memoria Encendida, celebrada el 25 de junio de 2015 en el Colegio Nacional en honor de José Emilio Pacheco.
2. Kirchhoff, Paul. Mesoamérica. Sus límites geográficos, composición étnica y caracteres culturales. [en línea] Xalapa, Ver., AL FIN LIEBRE EDICIONES DIGITALES. 2009. 12 pp. [Consulta 2 de abril de 2019]. Disponible en web:
3. Brambila, Rosa. Datos sobre el Bajío, Cuadernos de Arquitectura Mesoamericana No. 25, marzo de 1993.
4. Prieto Guillermo –Fidel-. Viajes de orden suprema, pp 255, imprenta de Vicente García Torres, 1857 [biblioteca de UANL, colección digital]
5. Díaz Manjarrez, Rubén. Crónica de Tequisquiapan, fuente de salud, PIR, (1973), [biblioteca municipal de Tequisquiapan].
6. Sahagún, fray Bernardino de. Historia general de las cosas de la Nueva España, Quinto libro, capítulo cuatro, Sepan cuantos, Porrúa, (1985).
7. Vega Olvera, Jorge, Monografía de Tequisquiapan, (PDF) 2008.
8. Rodríguez Villegas, Manuel. FREELANG - Diccionario en línea náhuatl-Español-Náhuatl, Recuperado de URL: https://es.freelang.net/enlinea/nahuatl.php?lg=es
9. Vocabulario otomí. Remesa-Online - Recuperado de URL: http://www.vocabulario.com.mx/otomi/diccionario_otomi_a.html

10. Ortega Chávez, German. Teoría de las ciudades mesoamericanas, Cuadernos de Arquitectura Mesoamericana No. 16, enero de 1992

11. Viramontes, Carlos. Ensayo: Una historia de larga duración contenido en la antología Un palimpsesto Arqueológico, Fondo Editorial de Querétaro, 2014

12. Saint-Charles Zetina, Juan Carlos. Ensayo La Trinidad: Un emplazamiento defensivo del epiclásico en Tequisquiapan contenido en la colección Tiempo y Región Vol. I, CONACULTA, 2007.

13. Viramontes, Carlos. Artículo: La integración del espacio entre grupos de recolectores razadores de Querétaro, Cuadernos de Arquitectura Mesoamericana, INAH, No 25, marzo de 1993, UNAM, México, Pág. 11 a 15

14. Velázquez Quintanar, José G. San Juan Del Río Síntesis de la historia, Dirección de Cultura y Turismo de San Juan del Río, 2018.

15. Viramontes, Carlos. Tiempo y Región, Vol. IX, La Investigación en Arqueología, Antropología e Historia en Querétaro, aportaciones recientes, INAH, 2017

16. García Ugarte, Marta Eugenia. Querétaro, Historia Breve, Fondo de Cultura Económica, 1999, versión digital, 2016 [Kindle]

17. Quintanar Miranda, María Cristina. Pames, otomíes y españoles en los valles centrales queretanos. Contacto cultural en las primeras décadas del siglo XVI, ensayo, (PDF), 2014.

18. Maquiavelo, Nicolás. El Príncipe, Porrúa, 1998

19. Díaz del Castillo, Bernal. Historia Verdadera de la Conquista de la Nueva España, EMU 2014, pag.106

20. Cortés Pizarro, Hernán. Cuarta Carta de Relación al Emperador Carlos V, Amazon, libro digital

21. Levin Rojo, Danna Alexandra. "Las siete ciudades de Cíbola", Arqueología mexicana, núm. 67, pp. 50-55

22. Huicochea Enríquez, María Guadalupe. Anales de una encomienda, Praxis, 2015.

23. Brambila Paz, Rosa. Códice de Jilotepec, El Colegio Mexiquense, A.C., (PDF), 2013.

24. Camacho Pérez, Crispín, Remembranzas de Tequisquiapan, CONACULTA, México, año 2001, [biblioteca municipal de Tequisquiapan]

25. Landaverde Chávez, Jesús, Crónica del municipio de Tequisquiapan, gobierno del estado de Querétaro, México, 1996

26. Página web: Enciclopedia de los municipios y delegaciones de México, Recuperado de URL: http://siglo.inafed.gob.mx/enciclopedia/EMM22queretaro/municipios/22017a.html

27. Página web: Tequisquiapan pueblo mágico, Cadena productiva turística del Pueblo Mágico de Tequisquiapan Querétaro, recuperado de URL: https://www.tequisquiapanpueblomagico.com.mx/atractivos/artesan%C3%ADas-y-mercados/

28. Página web: GuiaTuristicaMexico.com, Recuperado de URL: https://www.guiaturisticamexico.com/municipio.php?id_e=22&id_Municipio=00173&nombre=

29. Somohano M., Lourdes (Coordinación editorial), Tequisquiapan Memoria gráfica siglos XIX/XX, Universidad Autónoma de Querétaro, México, 2015

30. Garrido del Toral, Andrés, Rompiendo mitos sobre la fundación de Querétaro (Artículo periodístico), La Voz del Norte, 2014, Recuperado de URL: http://www.lavozdelnorte.com.mx/2014/06/29/rompiendo-mitos-sobre-la-fundacion-de-queretaro/

31. Questa Rebolledo, Alessandro y Utrilla Sarmiento Beatriz, Otomíes del norte del Estado de México y sur de Querétaro,

Comisión Nacional para el desarrollo de los pueblos indígenas, México, 2004, (PDF).

32. Vidal, Luis Enrique. (2018). El epicentro de la cosmogonía otomí: Capillas de indios en Querétaro y Guanajuato. 193. https://www.researchgate.net/publication/326145603_El_epicentro_de_la_cosmogonia_otomi_Capillas_de_indios_en_Queretaro_y_Guanajuato

33. Miralles, Juan. La Malinche, TusQuets,2004.

34. Sáenz Bárcenas, Ubaldo Neftalí, Haciendas de San Juan del Río, Municipio de San Juan del Río, México, 2018

35. Ayala Echávarri, Rafael, San Juan del Río Geografía e Historia, Gob. del Estado de Querétaro, México, 2006, Pag 38.

36. Frias F. Valentín, Opúsculos queretanos, Instituto Bibliográfico Mexicano, 1906, (PDF tomado del original en resguardo de la biblioteca Universitaria "Capilla Alfonsina" de la UANL), Pag 61.

37. Página web: Municipio San Juan del Río, La pluma del cronista, El primer siglo en la vida de San Juan del Río, Recuperado de URL: https://www.sanjuandelrio.gob.mx/

38. García, Leobardo, Pionero, Beato Sebastián de Aparicio, Arquidiócesis de Puebla, México, 2004

39. López de Gómara, Francisco, Historia de la Conquista de México, Biblioteca de Ayacucho, Venezuela, 1979, pág. 327

40. Página web: Solo ejemplos, Resumen de las ordenanzas de buen gobierno de Hernán Cortés, Recuperado de URL: https://www.soloejemplos.com/resumen-de-las-ordenanzas-de-buen-gobierno-de-hernan-cortes/

41. Herrejón Peredo, Carlos. Guadalupe Victoria-Documentos, INEHRM, México, 2012.

42. Victoria Santamaría, Luis Armando. Guadalupe Victoria -El Águila Negra, editorial Martínez Roca, México, 2017.

43. Camacho, Crispín. Remembranzas de Tequisquiapan

44. Ramírez Hurtado, Luciano, El paraíso perdido, Universidad Autónoma de Aguascalientes, México, 2013

45. Hidalgo Fernández Cano Luis, Notas históricas sobre los orígenes españoles del cultivo de la vid en América. Sevi. 1989. pp. 743 – 751, pp. 897 – 904, pp. 1009 – 1013

46. Página web: Cervantes Virtual, recuperado de: http://www.cervantesvirtual.com/bib/historia/CarlosV/9_5.shtml

47. Benavente Toribio de, (Motolinia), Historia de los indios de la Nueva España, 1541

48. Página web: Artículo firmado por Miguel Guzmán Peredo, recuperado de: https://www.afuegolento.com/articulo/breve-historia-vino-mexico/868/

49. Página web: Entre vinos e historias, recuperado de: http://wewine.com.mx/enoturismo/

50. Escobar Pedro, Los buenos vinos en la Historia, México, 2019.

51. De la Garma Eduardo, Vinos & viñedos del centro de México, Sé taller de ideas, México, 2012. pp. 21

52. Rangel, Nicolás, Historia del toreo en México, Academia Mexicana de la Historia, México, 1924

53. Matezans, José, Introducción de la ganadería en Nueva España (1521 – 1535), El Colegio de México, 1965, PDF, pp. 533-566

54. González y Gonzáles, Luis. Viaje por la historia de México, Clío, México, 2009

55. García Ugarte, Marta Eugenia. Hacendados y Rancheros queretanos, 1780 – 1920, Historia Breve, Consejo Nacional para la Cultura y las Artes, México, 1992.

56. Pedro Infante, Cantor y encantador, https://plazadearmas.com.mx/pedro-cantador-encantador/

57. Asociación Nacional de Criadores de Toros de Lidia, http://www.anctl.mx/01_ganaderia.htm

58. Quiroz Sergio, Una historia muy familiar, México, 2018
59. Industria láctea de México en el contexto del Tratado de Libre Comercio de América del Norte (TLCAN) Enrique Hernández Laos Universidad Autónoma Metropolitana, Banco Interamericano de Desarrollo, 2000).
60. Fundación de investigaciones sociales, AC, Historia del vino en México, (PDF), 2012
61. Álvarez Saiz Maite, El origen de la viticultura en el Estado de Querétaro, artículo periodístico, (PDF), 2016
62. Sáenz Bárcenas, Ubaldo Neftalí, Crónica de San Juan del Río, Municipio de San Juan del Río, México, 2018
63. Reyna Trujillo, Teresa, Estado Actual de la Vinicultura en Querétaro, (PDF), 1986
64. PERSONAJES DE CANTABRIA, http://elcandelario.com/cosas-del-candelario/personajes
65. Hernández Laos, Enrique, La Industria láctea de México en el Contexto del Tratado de Libre Comercio de América del Norte, Universidad Autónoma Metropolitana, Banco Interamericano de Desarrollo, 2000.
66. REFERENCIA. Publicación de Facebook de fecha 31 de julio de 2022, grupo "Acá entre nos Tequis".

ÍNDICE ONOMÁSTICO

Rodrigo García Leo

Olvera Pacheco, Salvador - 183.
Palacios Alcocer, Mariano - 183.
Peña, Manuel de la - 135.
Pérez Esquivel, Padre Manuel - 187.
Pérez Mendoza, José Antonio - 179, 180.
Pérez Salmerón, Juan - 32.
Perusquía Dinorah - 172.
Perusquía, Ernesto - 136, 139, 151, 170, 171.
Perusquía, Rita - 171.
Pinal, Silvia - 34.
Poniatowska, Elena - 151, 169.
Prieto, Guillermo - 29, 127, 130.
Quiroz, Gaby - 206.
Quiroz, Manuel - 175, 179, 197, 203.
Quiroz, Sergio Antonio - 175, 205.
Ramírez, Luis - 159, 161.
Reséndiz, Juan Domingo - 89, 160.
Río, Gonzalo - 162, 164, 171, 188.
Rivas Ledesma, J. Guadalupe - 146, 147, 149, 152, 153, 159, 162, 168, 169, 171, 172, 187.
Rodríguez Familiar, Ramón - 141.
Rodríguez González, Alberto - 177, 198, 208.
Sáenz Bárcenas, Ubaldo Neftalí - 96.
Saint-Charles, Juan Carlos - 42, 110.
San Luis de Montañez, Nicolás de - 65, 77, 80, 102.
Santillán, Hernando de – 83.
Schumacher, Walter – 176.
Serra, fray Junípero - 120.
Somohano, Lourdes - 82, 151.
Tapia, Fernando de - 65, 100, 101.
Tasha- Tashita (ver Rivas Ledesma, J. Guadalupe).
Teruel, Felipe Antonio - 96.
Trejo, Telésforo - 164, 180.
Ugalde, Alejandro - 186.
Ugalde, Beto - 159.
Ugalde, Jesús - 158.
Vega Olvera, Jorge - 32, 75, 87, 182, 209.
Vela, Guillermo 179.

Velasco de la Torre, Guadalupe - 96, 115.
Velasco, Raúl - 207.
Velasco, virrey Luis de - 77, 81, 96, 123.
Velázquez Quintanar, José G. - 103.
Victoria, Guadalupe - 114.
Viramontes Anzures, Carlos - 41, 49.
Zamorano Salomón - 137, 163.
Zamorano, Rafael - 88, 131, 149, 163.
Zamorano, Salvador - 77, 131, 136, 138, 159.
Zárraga Trejo, Noé - 209.

228

Made in the USA
Columbia, SC
12 December 2024

49197209R00140